AI YIN SI TAN

爱因斯坦的故事

王艳娥◎主编

榜样的力量

榜样的力量是无穷的，好的榜样能给我们积极
的思想、正确的行为、良好的习惯、完善的人格。
树立了榜样就等于找到了自己前行的方向。
榜样是无比强大的力量源泉。

$$E = mc^2$$

北方妇女儿童出版社

图书在版编目（ＣＩＰ）数据

爱因斯坦的故事 / 王艳娥编著. —— 长春：北方妇
女儿童出版社，2010.2（2021.1重印）
（榜样的力量）
ISBN 978-7-5385-4364-3

Ⅰ.①爱… Ⅱ.①王… Ⅲ.①爱因斯坦，
A.（1879～1955）—传记—少年读物 Ⅳ.①K837.126.11-49

中国版本图书馆CIP数据核字(2010)第020220号

爱因斯坦的故事
AIYINSITAN DE GUSHI

出 版 人：刘 刚
责任编辑：张 力 刘聪聪 于 潇
开　　本：650mm×960mm　1/16
印　　张：12
字　　数：128千字
版　　次：2010年2月第1版
印　　次：2021年1月第6次印刷
印　　刷：三河市三佳印刷装订有限公司
出　　版：北方妇女儿童出版社
发　　行：北方妇女儿童出版社
地　　址：长春市福祉大路5788号
电　　话：总编办：0431-81629600

定　　价：33.80元

序言

"江山代有才人出"，在人类历史的长河中，涌现出一大批影响世界的风云人物。他们或者是杰出的政治家，凭着超乎常人的坚强毅力为国家和民族的前途引路；或者是卓越的科学家，为探索自然奥秘、改善人类生活而不懈努力……总之，他们由于在某一方面做出了杰出的贡献，已成为历史长河中的航标，引领着人类走向更加深邃的精神世界和更加精彩的物质世界。

这套丛书不仅告诉你名人成功的事实，更重要的是展示他们奋斗的历程，展现他们在失败和挫折中所表现出的杰出品质，从中我们可以吸取一些有益的精神元素。

这套丛书具有以下几个特点：

一是人物全面。本套丛书精心选取了从古至今全世界40位具有代表性的政治家、科学家、文学家、艺术家……这些人物均在各自的领域做出了卓越的贡献，对人类历史产生了重大影响，因此被广为传颂。

二是角度新颖。本套丛书不是简单地堆砌名人的材料，而是选取他们富有代表性或趣味性的故事，以点带面，从而折射出他们波澜壮阔、充满传奇的人生和多姿多彩、各具特点的个性。

三是篇幅适当。每篇传记约10万字，保证轻松阅读。本套丛书线索清晰、语言简洁、可读性强，用作学生的课外读物十分理想，不会加重他们的负担。

四是一书多用。本丛书是一部精彩的名人故事集锦，能够极大地开阔青少年的视野，同时还可以作为中小学生的写作素材库。

培根说："用名人的事例激励孩子，胜过一切教育。"榜样的力量是无穷的，而名人是最好的榜样，向名人看齐，你将离成功更近！

人 物 导 读

　　爱因斯坦是当代最伟大的物理学家。称之为"最伟大"，恐怕没有人会质疑。整个20世纪他无疑是一位无法绕过的人物，他的影响绝不仅止于物理界，而是深刻地影响着20世纪人类社会的走向。因为他和牛顿一样，都是开创了一个时代的人物。牛顿是经典物理学的开创者，而爱因斯坦是现代物理学的开创者和奠基人。

　　经典物理学在20世纪初面临着种种历史性的挑战。年轻的爱因斯坦冲破旧传统的束缚，在洛伦兹等人研究工作的基础上，对空间和时间这样一些基本概念提出了本质上的变革，先后建立了狭义相对论和广义相对论，进一步揭示了物质和运动的统一性（质量和能量的相当性），发展了物质和运动不可分割原理，为原子能的利用奠定了理论基础。他在宇宙学、引力和电磁的统一场论、量子论的研究领域都做出了杰出的贡献。

　　爱因斯坦经历了两次世界大战，他先后生活在西方政治旋涡中心的德国和美国。身为犹太人，他深深地体会到战争给人类带来的灾难。他用科学致力于世界和平的努力赢得了全世界的敬仰。

　　爱因斯坦不仅是一位科学巨人，更是公正、善良、真理的化身，他的美好品格和为科学献身的精神是我们人类的宝贵财富。

　　本书以丰富的史料、动人的故事刻画出爱因斯坦传奇的一生。深入浅出的物理学理论、有趣的故事、饱含哲理的启示都会让读者受益匪浅。爱因斯坦就是一条真理之河，无论我们从哪个角度去看，都会震撼感喟。这就是巨人的力量、人类的骄傲！

CONTENTS 目录

CONTENTS

第一章

求学时代

✳ 好奇的孩子 ✳

　　1879年，春天的脚步来到德国南部的小镇乌尔姆。鲜花开了，小草绿了，集市上熙熙攘攘，每天早晨都会从教堂传来一阵阵悠扬的钟声。小工厂主希尔曼·爱因斯坦家里诞生了一个婴儿，取名阿尔伯特·爱因斯坦。他们哪里会想到，这个名字将来会家喻户晓。

　　树上的叶子绿了又黄，一年又一年过去了。阿尔伯

特·爱因斯坦渐渐地长大了。他总是眨巴着那双有神的眼睛，认真地、若有所思地看着这个世界。

　　一年秋天，希尔曼先生带着一家人在郊外野餐，欢迎从意大利来的伊丽莎，她是阿尔伯特的表妹。

　　和煦的阳光洒向大地，在林中空地上留下斑驳的树影。阿尔伯特的妈妈玻琳·科克快乐地哼着

小曲，在准备烤肉。她时不时地向远处的牧场瞥一眼——阿尔伯特正在和小羊嬉闹。

妈妈递给阿尔伯特几串烤肉，可他却呆呆地看着袖口边沾上的羊毛，忘了接烤肉。

"妈妈，"他问道，"您身上的毛衣，就是用很多很多羊毛织起来的？"

"那当然，"伊丽莎插嘴说，"在意大利的工厂里，一车一车白白的羊毛送进去，出来——就是一团团漂亮的可以织毛衣的毛线了。"

伊丽莎说："意大利的太阳特别亮，天空特别蓝，因为她在大海边……"

"哦，大海，大海是什么呀？"阿尔伯特的妹妹玛雅问。

"大海就是……"伊丽莎说不上来了，"就是很多很多的水，汇集在很大很大的地方，而且上面有许多许多大轮船在开，可以乘载许多许多人呢！"

"哥伦布发现美洲，是不是就是乘这种大轮船？"爱因斯坦兴奋起来，他把装食品的空木箱子翻过来，又系上两根绳子，"来呀，我们来坐大轮船。"伊丽莎和玛雅坐进箱子里当乘客，阿尔伯特背起绳子，大喊一声："开船喽！"就拖着木箱，在草地上奔跑起来。

孩子们的笑声越来越远了。

有一年，阿尔伯特的叔叔雅各布从英国回来，给爱因斯坦带来了一件礼物——一只制作精巧的微型罗盘，他让希尔曼转交给爱因斯坦。

"嗨，阿尔伯特，下午好！"希尔曼来到儿子身边，小

心地从西装背心的口袋里掏出一件金黄色的东西，"雅各布叔叔送你的。"

爱因斯坦接过来，透过上面的玻璃，他看见里面有一根针一样的东西在不稳定地晃动，赶紧小心地把它放在桌子上。他专注地看了好久，猜不出这是什么，于是抬起眼睛看着父亲，目光里满是疑问。

笑眯眯的父亲一言不发地从西装口袋里摸出一块怀表，和那东西放在一起。

爱因斯坦更奇怪了，怀表有三根各自转圈的针，他知道那是时针、分针和秒针。可是这金黄色的东西里面，只有直直的一根针，不会转圈只会晃动，而且那根细细的红色磁针一直指着北边。他感到从未有过的惊奇。他想，一定有什么东西深深地隐藏在这件奇异的东西后面。"爸爸，这个圆盘里还藏着什么东西吗？"

"正如你所见，罗盘里除了这根指针，什么也没有。"爸爸用手翻转罗盘，让爱因斯坦前前后后看清楚。

"那么是什么东西使它永远指着同一个方向呢？"

"那是磁力，是地球的磁力使它永远指向北方。"

"磁力？磁力又是什么？它究竟藏在哪里？我既看不见它，也摸不到它。既然它能使磁针转动，为什么我就感觉不到周围有它的存在呢？"

又是个星期天，雅各布带着妻子到哥哥的乡间别墅度假，一直到吃饭的时候，两个孩子才满头大汗回来了，鞋子上都沾满了泥巴。阿尔伯特把妈妈吓坏了，但是他调皮地掏出罗盘放在饭桌上说："山脚下用它找准方向，在林子里又

拿它校对，就不会迷路了。"

希尔曼转过头，悄悄地对妻子说："你呀，老担心孩子到三岁还不会说话，是不是先天不足，其实我们的阿尔伯特用脑子要比用嘴多得多。"

爱因斯坦对磁力的问题产生了深深的兴趣，甚至可以说他一生都在不断地思索它，以及与它有关的问题。小小的罗盘里面那根按照一定规律运动的磁针，唤起了这位未来的科学家探索事物的好奇心。

心灵的阴影

爱因斯坦5岁了，希尔曼把他送进慕尼黑城里一所不错的公立天主教小学。办完入学手续，希尔曼把他带到音乐老师面前说，希望每天放学后，老师能教授他演奏小提琴，这是他太太的意思。

音乐老师是当地有名的小提琴家，他很高兴地把爱因斯坦父子带到音乐教室里。他仔细看了小爱因斯坦的手指，然后让他随意唱歌。

爱因斯坦开口唱了从小就听熟了的"催眠曲"，声音有些发抖。老师瞪大了眼睛说："别紧张别紧张，你还会唱些什么？"

爱因斯坦又唱了几首，老师说："哦，上帝，我听到了多瑙河的水声，看到了哥特式大教堂的塔尖。你唱的好像是巴伐利亚一带的民谣，这是谁教的呀？"

"是我太太，老师。"希尔曼恭恭敬敬地说，"我们过去住在巴伐利亚的乌尔姆，爱因斯坦就是在那儿出生的。我太太玻琳喜爱音乐，常常在乡间采风，回来在钢琴上编曲，也教会了孩子。"

"希尔曼先生，恭喜您有一位好夫人和一个聪明的儿子。"老师说着，打开了钢琴，象牙色的琴键在他修长的手指下淌出了一串流畅的音符；在中音区，不时出现奋力对抗的旋律。阿尔伯特眯起眼睛，跟着节奏轻轻晃着脑袋。老师看了他一眼问："孩子，你感受到什么？"

爱因斯坦叫起来："老师，鱼，鱼在游！"老师的身体微微一震，双手突然击向左边的低音键，两组不协和弦顿时充满了整个教室，好像有两股力量在翻滚，在较量。他从眼角看到，爱因斯坦的双手揪着胸口的衣服，目光里透出的是恐惧的神色。钢琴声突然停止，老师静静地坐了一会儿说："孩子，你每天放学后就来这儿吧。"

"希尔曼先生，"老师说，"我先弹奏的是舒伯特的《鳟鱼》，后来弹的是《魔王》，一个生与死的伟大主题，我要祝贺您，爱因斯坦将来一定会成为天才的音乐家！"

爱因斯坦每天背着书包和一把小提琴去上学，父亲用马车送他到学校门口。放学练琴后，他穿过两个街区走到电器工厂，和父亲一起乘马车回家。

因为爱因斯坦不太爱说话，同学们都不愿理睬他，还给他取了个绰号，叫"无聊的约翰"。他讨厌学校，可是很喜欢数学课和拉琴。

课间休息时，孤独的爱因斯坦就在纸上做数学题，课本

上教过没教过的练习题，他都做。一直到把题目解答出来，他才会露出灿烂的笑容。有时候，他也会对着窗口拉上一段欢快的曲子。

数学老师挺喜欢他，可是其他课的老师常常批评他。因为许多要背诵的东西，叫到爱因斯坦，他总是涨红脸，像树干一样站着，随时准备受教鞭的惩罚。

希尔曼先生喜欢诗歌，在文学上有相当的造诣，他坚信儿子是个天才。但是，基础课的背诵也是少不了的，于是他就从诗歌入手，激发爱因斯坦的兴趣。后来，连最苛刻的教德文文法和拼读的老师，也惊讶于爱因斯坦的进步。

有一天上历史课，讲到宗教和耶稣的故事。最后，历史老师有点激昂地说："耶稣蒙难，是被他的弟子犹大出卖的！成了囚犯的耶稣，背着沉重的十字架，赤脚走在棱角尖锐、锋利的石子路上，后来和那些强盗土匪一起，被钉死在十字架上！"

为了加强感染力，历史老师拿出一样道具——一根生锈的大铁钉说："主啊，就是这根铁钉，使你受难！我们世世代代都要诅咒出卖老师的犹太人犹大！"

在这里我们说明一下，爱因斯坦出身犹太家庭，而他上的是一所天主教学校。此时，班上的孩子们都一起盯上了他。爱因斯坦第一次

◎犹太人：属于古代闪米特人种，最初定居于今天中东的巴勒斯坦，曾创造辉煌的文明，他们的犹太教教义就是后来基督教的基础。公元前6世纪，犹太王国被外族所灭，犹太人从此流落世界各地。

感受到什么叫耻辱。

　　爱因斯坦的父母思想比较自由开明，把孩子送到天主教教会办的小学校念书，让孩子消除自己与日耳曼种族之间的隔阂(hé)。即便如此，社会上对犹太人根深蒂固的偏见和歧视还是时不时地流露出来。

　　爱因斯坦热爱耶稣，他也为救世主所遭受的非人折磨而心碎，为犹太人中出现了犹大这样的叛徒而深感惭愧。

　　然而，全班所有同学的眼光还是一下子都转向了他，那一道道眼光中充满了仇恨和蔑视。爱因斯坦想向全班同学喊："犹太人中间出了个犹大，可这并不说明每一个犹太人都想这样干啊！"

　　爱因斯坦永远也不能忘记那一天，他第一次感觉到了作为一个犹太人的屈辱，也第一次清楚地意识到了自己的犹太人出身。从那时起，在他心中就种下了终生反对种族歧视和社会上一切不公正现象的种子。

　　19世纪下半叶的德意志，是一个由神权与皇权双重统治的国家。天主教的势力渗透进这个国家的每一个角落、每一个家庭，而威廉皇帝则不但把他的权威凌驾在他的每一个臣民头上，更梦想借助普鲁士军团的淫威，将双头鹰战旗的阴影笼罩在整个欧洲的上空。当时，全德意志都沉浸在一片穷兵黩武的叫嚣声中。铁血宰相俾斯麦的

　　◎奥托·冯·俾斯麦(1815－1898)：普鲁士宰相兼外交大臣，是德国近代史上杰出的政治家和外交家，他主张武力统一德国，实行集权统治，被称为"铁血宰相"。

上台，更将这种疯狂推向了极致。对于战争和种族矛盾，爱因斯坦心怀不满，在他幼小的心灵里就埋下了赶紧逃离这个可怕的国家的想法。

中学时代的屈辱

9岁那年爱因斯坦进入了慕尼黑很有名的路易波尔德高级中学。在那里生活的6年，却是他一生中最痛苦的回忆。那时候的路易波尔德高级中学已经完全像一座"兵营"了，这座"兵营"能教给爱因斯坦什么呢？德国军国主义的专横、强制、丑恶的本质，在爱因斯坦中学时代就已经从教育思想上体现出来并落实到了日常的教学活动中。

爱因斯坦不能接受也无法忍受，他在学校内外判若两人：在校外，他虽然不爱说话，但他的心灵是恬静自由的；当他的同学在学校学习平面几何时，他却利用课余时间畅游在微积分的大海里。他整日与音乐为伴，以儿时对宗教狂热的情感做着理想和希望的梦。

爱因斯坦领到了路易波尔德高级中学的校服。校服完全是陆军深蓝色军官服的仿制，在一戴上就会让人显得很神气的帽子前面，还镶着金属做的G字形帽徽，特别引人注目。有的同学当场穿戴起来，整个大礼堂好像变成了军营。

校长很兴奋地对同学们说："我的士兵们，你们的领章上有你们的学衔：一年级是一道银带，二年级两道，升到五年级就换成一道金带；等你们八年级毕业的时候，全都是四

道金带的——"

一些热血沸腾的同学齐声高呼："将——军——阁——下——"

校长高兴地大喊："路易波尔德高级中学，万岁！"

爱因斯坦却在狂热的气氛中，提着校服包，一个人默默地离开了。

希尔曼先生看到儿子回来，开心地说："哦，我们的中学生回来了。"

玻琳打开包，把衣服抖开来一看说："上帝啊，穿上它，就会想起可怕的战争。"

"小学是小军营，中学是中军营，大学，可就是大军营了，"爱因斯坦嘟哝着，"爸爸，世界上为什么要有军队，为什么要有杀人的枪炮？"

在学校里，宗教的歧视与成见让爱因斯坦有时候觉得还可以忍受，因为这毕竟是他们这个民族一千多年来一直在承受的东西。而令他无法容忍的是这种弥漫在他四周的、无处不在的君权神授、德意志高于一切的专制空气。学校的教育也是为了这个最高的目的服务的，要把每一个德国孩子培养成一个为这具巨大的专制机器服务的士兵。

有一天，他正在学校的操场上玩，忽然从校园外传来了一阵整齐威武的军号声，原来是一支德国皇帝的军队，正列着整齐的方阵，通过慕尼黑的街道，去接受检阅。

他看到临街楼房平时总是紧紧关闭着的窗子，这时候都打开了，数不清的人头挤到窗前，人们为街道上通过的军队举起右手，大声地呼喊着："为了皇帝，为了德意志，前进！"

小爱因斯坦被眼前的景象惊呆了。

他有生以来第一次领悟到：人可以被训练得像机器一样，简直太可怕了！人怎么可能变成完全没有个人意志的动物呢？他开始清楚地意识到学校里对他们进行的全部教育也正是要把他们都训练成眼前这样的机器人。

路易波尔德高级中学的教学管理很严格，学生稍有违规行为，就会受到体罚。爱因斯坦很安静，总是默默地坐在教室里。但是看到同学被拧耳朵、被教鞭抽打，他会感到窒息。于是他就把目光转向挂在墙上的一口古老的钟，数着秒针运动的圈数，以此来打发一节节无聊的课。

拉丁文是学校的主课，拉丁语的语法艰涩难懂。偏偏教拉丁文的老师古板得像块石碑，他也要求学生坐得像个石磴子。看到每个学生都乖乖地听话，他会很得意。一得意，他的坏习惯就来了：拼命用手指挖鼻孔。这时候拉丁语课文就被他读得全是鼻音，一点也听不清楚，可是谁也不敢笑。

有一天，就在老师挖着鼻孔读课文的时候，有两个调皮的学生偷偷地从盒子里放出几只蜜蜂。教室里蜜蜂的嗡嗡声和老师的鼻音混合在一起，终于引起全班同学的哄笑。

但是爱因斯坦没有笑，他觉得没什么可笑的。

老师简直气昏了。一会儿，校监先生闻声赶来了，他不分青红皂白，要学生们列队出去接受惩罚。

同学们吓坏了，只有爱因斯坦立正报告说："要惩罚的是蜜蜂，校监先生。不知道它从哪儿来，用它翅膀下发声孔膜的振动，模仿老师挖鼻孔读课文的声音，所以破坏了课堂

纪律。"

校监先生瞪大眼睛，看着面前这位不卑不亢的少年。蜜蜂的发声器官，原来是藏在翅膀下面的？真的吗？说实在的，老师在课堂上当着学生的面挖鼻孔，也未免太不雅观了。

校监哼了一声，甩手走出教室，拉丁文老师莫名其妙地跟了出去，一会儿又返回来，指着爱因斯坦气势汹汹地说："你这乌鸦嘴，将来绝对不会有出息的！"同学们用新奇的目光打量着这个平时不起眼的同学。爱因斯坦感到很惶惑：我不过说了几句实话呀！

从生活到课堂，爱因斯坦感觉到自由的空气是那么的稀薄。他的思维与学校的教育格格不入，注定了他只能孤独地走着自己的路。老师们嫌他"生性孤僻、智力迟钝"，责备他"不守纪律、心不在焉、想入非非"；同学们大都视他为陌生人，从不跟他来往。

爱因斯坦成年后写道："有时，人们把学校简单地看做是一种工具，靠它来把大量的知识灌输给成长中的一代。但这种做法是不正确的。知识是死的，而学校却要为活人服务。它应当发展青年人中那些有益于公共福利的品质和才能。"

❋ 崭露头角的数学才能 ❋

当上课钟声响起，只要刘易斯先生往教室门口一站，爱因斯坦就会挺直脖子，因为这是古典文学课。

刘易斯先生永远精力充沛，讲起德国历史上那些天才，莱辛、歌德、格林和海涅，就好像在谈论自己高贵的老朋友一样，那么崇敬，又那么随意。

"嗨，孩子们，"刘易斯先生常常挥着双手说，"我们只有和他们交朋友，才会成为天才，成为高尚的人！"

爱因斯坦破天荒地举起手发言："刘易斯先生，怎么和他们交朋友呢？他们都是古人，难道我们要和他们的雕像去交谈吗？"

"思想，懂吗？思想对话，"刘易斯先生用食指敲击爱因斯坦的头说，"你上来。"

爱因斯坦疑惑地走上讲台，同学们也小声议论着。

"你现在就是浮士德博士，当然是装扮的啰。"刘易斯先生顺手将一撂（luò）教材让爱因斯坦夹在腋下，又把自己的铜边夹鼻眼镜架在他的鼻子上。同学们笑起来，课堂里气氛很活跃。接着，刘易斯先生脱下上

◎浮士德：是德国著名作家歌德创作的哲理诗剧《浮士德》中的人物。这个诗剧取材民间传说，写浮士德博士与魔鬼靡非斯特签订契约，探索人生真谛的故事。浮士德与魔鬼靡非斯特，分别代表善与恶。

衣包住脑袋，露出一副狰狞（zhēng níng）的样子，高高的个子尽量缩成一团。同学们一边笑一边乱叫："靡非斯特，靡非斯特！魔鬼，恶魔！"

老师用夸张的动作纠缠着学生，做出各种诱惑、凶残、阴险的表情。爱因斯坦不需要启发，脸上尽力表现出迷茫、欢乐、痛苦和醒悟的神态。在同学们七嘴八舌的议论中，"靡非斯特"最后沿着黑板倒下去，死了，"浮士德博士"也在生命的最后时刻，露出了精神升华的微笑……

教室里出奇地安静，每个同学都在思考。

刘易斯先生穿上衣服说："同学们，你们都知道，这是名著《浮士德》里的两个角色。浮士德为了轻松地获得本领和权力，向魔鬼出卖了灵魂。可是为了生存和自由，最后浮士德还是醒悟过来，领悟到了生命的真谛。你们说说，这是谁的作品啊？"爱因斯坦小声说："伟大的德国诗人歌德先生。"

"对了，这是在半个多世纪前，歌德先生写的长诗，人类文化的瑰宝！"刘易斯先生话锋一转说，"一切伟大的有成就的巨人，探究起来，就是他们的所思所想，也就是思想，达到了别人达不到的高度。"

教室里很安静，刘易斯先生在课桌椅之间踱了一圈。他明白，刚才这些话对学生们来说，似乎深奥了一点。爱因斯坦低着头，眼睛盯着桌子上的一个点，一动不动。刘易斯先生在他面前停下了。

"这是你的琴吗，爱因斯坦？"刘易斯先生指着桌子底下的琴问，"你已经拉到哪一级了？"

"第三级，帕格尼尼的练习第一册。"爱因斯坦立正回答。

"请把你昨天练的曲子，现在演奏一下。"刘易斯先生命令说。

全班所有的同学都看着爱因斯坦，他涨红着脸打开琴盒，绞紧弓弦，架上琴托。

"拉吧，孩子。"刘易斯先生拍拍他的肩膀，鼓励说。

琴声悠扬，旋律简洁而又欢快。刘易斯先生那好听的男中音在一旁轻声朗诵："……琴声袅袅，宛如一对情侣，又宛如两只蝴蝶，忽而融为一体，忽而追逐嬉戏，在花丛中捉着迷藏。金色的阳光洒向人间，它们向空中飘然飞去，消失在和谐之中……"

一曲终了，同学们拍起手来，都说老师精彩的朗诵让大家听懂了帕格尼尼的音乐。

"你们应该感谢的不是我，而是诗人海涅，刚才我朗诵的就是他的作品。"刘易斯先生说，"这是两个大师在思想高度上的对话，他们为世界留下了不朽的精神财富。"

这天放学后，爱因斯坦回到家里，一头钻进爸爸的书房，寻找海涅的诗集。希尔曼先生高兴极了，还找出莱辛、席勒、霍夫曼和莎士比亚的书，通通堆到儿子的床头。

"阿尔伯特，这么多书，你看得完吗？"玛雅妹妹说。

"哦，现在请你出去玩，好吗？"爱因斯坦一本正经地说，"我要和伟大的人交朋友，和他们对话呢！"

又是个礼拜天，雅各布来了，看到爱因斯坦的卧室里到处是书，就笑嘻嘻地从提包里掏出一本书来说："你读了那

么多书，这本你能读懂吗？"

爱因斯坦接过来一看，封面上没有图画，只有几个大字：《欧几里得平面几何》。

"你读的这些书，可以使你胸怀大志，品德高尚。"雅各布叔叔说，"而这本书呢，可以使你变得聪明。"

爱因斯坦翻开书，里面都是计算式和各种各样的图，有些很像埃及长老的藏宝图，看上去就有神秘的感觉。爱因斯坦一眼就喜欢上了这本书。

雅各布叔叔说："那些书，你一天可以读一本，可是这本书，有时候几天也读不了一页呢。"

"我不信！"爱因斯坦有点不服气，学校里布置的数学作业，哪天不是十道八道的？

雅各布笑了，他随意翻到一页说："这一页有两道题，你试试看，要花多少时间解出一道。"

爱因斯坦很快看了一下，第一道题只有几个字：三角形的三条高相交于一个点。看上去好像很简单，可琢磨起来又让人觉得高深莫测，他傻眼了。

雅各布叔叔抓过一支笔，在白纸上画了一个很大的三角形，然后画上几条辅助线，点上几个点，再注上几个字母。他把题目向爱因斯坦解释了一遍，最后说："好好想想，给你一个礼拜时间，看看我的侄儿有没有猴子那样聪明。"

爱因斯坦看看这么多书堆着，觉得应该列个读书计划。他要学猴子的机灵，可不是要像猴子那样，抓起苹果，就得丢掉梨。

爱因斯坦很快画了一张表，像学校的课程表那样，把每天在家的时间都安排得满满的。他还征得妈妈的同意，把客厅那台一人高的自鸣钟，移到了自己的卧室里。

"很好，我的儿子，"玻琳看了他订的时间表后说，"没忘了练琴时间，这可是最好的休息放松方式。"

"孩子，"希尔曼先生说，"坚持，关键是坚持。"

爱因斯坦并没有因为和雅各布叔叔的约定而显得很忙乱，放学回来，他按照自己订的计划，该做什么就做什么。但是他思考的时间多了。在学校里，同学们在操场上游戏、打球时，他总是一个人坐在围墙边的灌木丛里，用一根树枝在地上画来画去，都是些同学们看不懂的图形。

开始，他总是在三条边和它们的高上找关系，后来又添加一根根的辅助线。思路拓宽了，但死结好像更多了，爱因斯坦觉得自己老是在牛角尖里钻进钻出。

这天，他又思考起这道题目。想着想着，不知不觉来到院子里。院子很大，种植着不少花草和冬青树，也堆着一些杂物，是爱因斯坦从小玩耍的地方。围墙边上有两个很大的蚂蚁洞，两窝蚂蚁常常打仗，黑压压一片。他常常在这儿一蹲就是半天。

突然，爱因斯坦看见蚂蚁窝上面，在墙和蔷薇之间，结了一个很大很大的蜘蛛网，一轮轮多边形的蛛网正在微风中晃动。一只灰黑色的大蜘蛛从网的中心垂直吊下来，虎视眈眈地盯着一只被网粘住的小飞虫。

爱因斯坦目不转睛地看了好久蜘蛛吊下来的那根丝。垂线，垂线！他顿时想到，用垂线方法可以解开那道题。他飞快地冲进屋子里，草草在纸上画了一下，茅塞顿开，就在本

19

子上仔细演算起来。没多久，求证成功！爱因斯坦兴奋地跳到床上使劲儿蹦起来。

解出一道难题后，心里的愉悦是很难用语言表达的，很像是在山顶露营时，突然看到太阳越出地平线时的那一跳。爱因斯坦除了感到舒心和自信外，还渴求能再解开下一道难题。就好像大脑机器发动起来后，一下子停不下来。

第二道题是著名的数学家毕达哥拉斯提出的定理：直角三角形斜边平方，等于两条直角边平方之和。其实比毕达哥拉斯更早几百年，有个中国人就发现了这个定理，不过东方人称之为勾股定理。

这道题爱因斯坦只用了一天就解出来了。他对几何的兴趣被大大地激发起来。

题目越做越多，越做越快，也越做越快乐。爱因斯坦说话更少了，因为无论在马车里还是在餐桌上，他都在思考。

在约定的日子，雅各布叔叔来了，爱因斯坦捧出一大沓凌乱的草稿纸。看到《欧几里得平面几何》这本书上有好多题目打上了钩，雅各布惊奇得睁大了眼睛。

"下个礼拜天，我再给你一本书，"雅各布叔叔说，"也是欧几里得的，叫《欧氏大代数》。它的难度更大，因为代数没有直观的图形，全靠自己的逻辑思维。"

"谢谢叔叔。将来能当个数学家，真好。"爱因斯坦说。

渐渐地，叔叔的书已经不够他用了，爱因斯坦就到书商那里淘书。不论新的、旧的，在他眼里都是好东西。但数学毕竟是一门很严谨而且需要循序渐进的学科，所以尽管他搞来一大堆书，可一时根本不知从哪儿入手。

希尔曼先生耐心地对儿子说："读德国文学，不可能不背诵一些章节，不默写几段课文的。这是很必要的学习方法，叫做练基本功。学数学也是如此。"

希尔曼给他在都柏林的一位老同学写了一封信。他这位同学是研究弹道飞行的兵器专家。在信中，希尔曼专门谈到爱因斯坦，说他突然狂热地喜欢上数学，虽然他还是二三年级的学生，程度却可以和六七年级的学生比了。可是慕尼黑这方面的书少，也没有名家可以指点，希望能得到老友相助。

时隔几天，一个骠骑兵疾速赶来，在院子里跳下马，行个军礼，恭恭敬敬地捧上一个纸袋，转身跳上马走了。

"希尔曼阁下：数学是人类的最高智慧，阿尔伯特·爱因斯坦先生有如此喜好，令人钦佩。呈上律布森教科书一套，是数学人进阶的好伴侣。老同学敬上。"

希尔曼先生读着来信，纸袋里的那一套书早被爱因斯坦捧到卧室里去了。

律布森教材起点很高，也论述得很系统。开篇就是解析几何，后面是微积分，都是当时最热门的高等数学范畴。这套书让爱因斯坦如获至宝。

希尔曼兄弟的工厂经营得还不错，因此赚了一些钱。希尔曼和玻琳一直热心于公益事业，他们每个礼拜四下午，都请一些家境贫寒的大学生到家里来吃饭，已经坚持好几年了。

大学生中有一对来自立陶宛的兄弟，都是医科学院的。

哥哥叫麦克斯·塔路米，弟弟叫伯纳特·塔路米，都长着黑头发，有一双深褐色的眼睛。

有一天，他们发现主人不太爱说话的儿子在背诵微分方程，大为惊讶：这是大学二年级的基础课呀！

饭后，两兄弟走进爱因斯坦的房间，发现到处堆满了书，而且书的档次不低，就和这位比他们小11岁的少年交谈起来。他们谈得很投机，后来还一起做高等数学的题目，从此成了好朋友。

"希尔曼先生，"有一天，麦克斯对好客的主人说，"爱因斯坦是个天才，他将来一定是个杰出的科学家或者哲学家。"

"现在刚出版了一套书，是贝伦休特主编的《通俗科学大系》，"伯纳特说，"这套书对爱因斯坦来说正合适，不过价格非常昂贵，我们学校图书馆也只买了两套。"

希尔曼不停地点头微笑，玻琳却兴奋地表示："要，一定要，看来这孩子是搞科学研究的料！"

希尔曼先生想尽办法在汉堡订了一套。书是用马车拉回来的：厚厚的羊皮封面精装本，一共21册。

在爱因斯坦生日这一天，他接受了父母的这份珍贵的礼物。爱因斯坦越来越不喜欢学校里的课程了。因为教学的进度太缓慢，很简单的一个定理，要讲上好几节课。数学老师发现爱因斯坦变了：他上课的时候没有了过去那种求知欲旺盛的表现。

有一天，数学老师看到爱因斯坦好像心不在焉，就让他上来，在黑板上演算一道要运用圆周率的题目。爱因斯坦拿起粉笔刷刷刷地写起来。同学们都看得目瞪口呆：这些是什么符号呀？一道小题目，怎么密密麻麻地占了一大块黑板的地方呀？

◎圆周率：圆形之周长与直径之比，一般以 π 来表示，这个数值是个无限不循环小数，介于 3.1415926 与 3.1415927 之间。

数学老师看明白了，这道题目原本只需要直接运用圆周率就行了，可是爱因斯坦把圆周率也作为未知数，竟然用微积分在式子中把它计算出来！

老师向同学们解释了原因，也表扬了爱因斯坦这位天才学生，可是心里却有些不是滋味。

有一次，数学老师和物理老师谈到这件事，没想到物理老师的反应更激烈，一口咬定这是学生在向老师挑战。原来那次在讲牛顿第一运动定律的时候，爱因斯坦用高等数学在黑板上演算了牛顿第二、第三运动定律的推导，同学们众星捧月般把他围在中间，被晾在一边的物理老师深感自尊心受到了伤害。

一天，班长通知爱因斯坦，让他到训导主任弗里德曼那里去一趟。

爱因斯坦忐忑不安地走进训导室。那个留着路易十八胡子的弗里德曼主任，口气很平和地问他最近在读些什么书。爱因斯坦小心翼翼地回答："《通俗科学大系》天文册。"

"路易十八"哈哈大笑起来："好书，好书！听说你还常常拉小提琴？"

"有时候也弹弹钢琴。"爱因斯坦心里放松下来。

"你练过帕格尼尼，拉过维奥蒂的《第二十二小提琴协

奏曲》吗？""路易十八"问。

"还没有，不过已经学完了霍曼。弗里德曼先生。"

"哦，你学微积分，用谁的书？学了多久了？""路易十八"继续问。

"律布森的教材，才学了两年。"

"哦，才两年，应该学到无穷级数了吧？""路易十八"吹吹胡子说，"你在读天文册，那你能算出宇宙有多少质量？你能告诉我，宇宙有多少个星系吗？"

"先生，宇、宇宙是无限的……"爱因斯坦小心地回答，他被吓坏了。

"哦，你原来还是跟在大师们的后面。""路易十八"嗓子突然提高了八度说，"阿尔伯特·爱因斯坦先生，宇宙是无限的，科学也是无限的，就是人对人的本身，也是充满了许多未知数。你前面的这么多大师，都是从加减乘除一步步学起的。请你记住，学问是无止境的。"

这天放学后，爱因斯坦没有搭乘马车回家，而是一个人沿着郊外的车道，慢慢走回去，他要好好想想。

晚霞染得天际绚丽多彩，一轮夕阳变成了橙色，还悬在阿尔卑斯山积雪的峰峦上；脚下的路，一直延伸到遥远的地方；田野上，开始升腾起雾霭……一切都是那么的神秘、和谐，爱因斯坦突然停下了脚步，心中豁然开朗。

对，那个胖胖的弗里德曼主任讲得没有错，一切都是无止境的。你看这天、这地、这原野，都充满了不可知的变数。爱因斯坦站在伊萨尔河畔，兴奋地对着原野大喊："宇宙是无止境的——"

 勒令退学的遭遇

爱因斯坦没有注意到，可亲的父亲希尔曼先生，不像过去那样乐观了，也很少来过问儿子的学业了。雅各布叔叔来得少了，来了也很少说笑，老是在书房里和父亲谈事情。母亲玻琳收了几个学生，经常出去当家庭教师，教授声乐和钢琴。

有一天，居住在意大利的亲戚寄来一封信。第二天，父亲走进爱因斯坦的卧室，先让他看这封信。

这好像是一封商业信件，上面写的都是电工器材在意大利的市场销售情况。爱因斯坦有些疑惑地问父亲："我们是要在美丽的意大利销售产品吗？"

"是的，阿尔伯特，"希尔曼先生说，"不仅仅是销售，而且我们要在那儿生产。"

"好极了，我们要到海边居住了！"爱因斯坦高兴地说，

"伊丽莎常常说，意大利是个鲜花盛开的国家。"

"孩子，你长大了，该知道一些事情了。"希尔曼先生脸色沉重地说，"德国的经济出了些问题，产品没有销路，厂子没法再办下去，我们一家人的生活都很难维持。我和雅各布商量，决定把工厂搬迁到意大利去。"

"好吧，爸爸，"爱因斯坦轻松地说，"什么时候走？我还得去办退学手续。"

"不，"希尔曼先生盯着儿子的眼睛，一字一句地说，"你母亲和我都是这个意思，我们，包括玛雅，都去。而你，一个人留下，把学业完成。"

爱因斯坦愣住了，不过很快就平静下来："难道不能转到意大利的学校吗？我一个人生活会很不习惯的。"

"不，我了解过了，意大利的学制和德国不一样。"希尔曼先生说，"你一下子很难插进去。再说，我不赞成做事情半途而废，你还是留在慕尼黑完成学业，等拿到中学毕业证书，再来意大利上大学吧。"

爱因斯坦不做声了。

希尔曼先生继续说："孩子，你行的。我已经在慕尼黑城里替你租好一套不错的房子，离学校很近。这座乡间老宅嘛，已经卖了……"

希尔曼先生说不下去了，爱因斯坦的鼻子也酸酸的。

爱因斯坦开始了在慕尼黑独自生活的日子。没有了玻琳的照顾，爱因斯坦要自己做饭、洗衣服。当他整个人沉浸到看书学习中的时候，往往误了时间。吃不上可口的饭菜，就

啃冷面包，可是，衣服常常不换洗，人就变得有些邋遢。

学校生活也变得越来越乏味。老师们还是依照教学大纲，照本宣科地传授那些浅显的知识，远远落在学科发展后面。由于爱因斯坦学识超群，各科的老师都不愿意让他发言，以免弄得自己下不了台。

留在慕尼黑读书，让爱因斯坦觉得非常苦闷，他也想到意大利去。他请医生给他开了一张神经衰弱、需要休假6个月到意大利父母身边休养的证明。做到这一点并不困难，因为他平时行为古怪，学校的老师和同学都认为他神经上有一些毛病，再说他平时也经常因为神经衰弱请假，就是为了不去上让他头疼的课。他又请数学老师给他开了一个证明，数学老师很乐意地证明他数学成绩优异，早已达到大学生的水平，具备充分的高等数学知识，不需要大学预科文凭也可以进入大学学习。做到这一点也不难，因为他确实已经在老师面前展现出了自己的数学能力，而且还经常在课堂上提出一些将老师难倒的问题。只要老师不记恨，是会给他写封证明信的，而且说不定老师还会因为这个学生总给他惹麻烦而愿意他早些离开呢。

恰巧在这时候发生了一件意外的事情，使他的愿望提前变成了现实。在两个证明已经装在口袋里、还没有来得及去找校长的时候，学校的训导主任把爱因斯坦叫到了办公室，十分严肃地对他说："爱因斯坦先生，如果你想离开这所学校的话，我们会非常欢迎的。"

在爱因斯坦反应过来这句话究竟是什么意思时，便问道："训导主任先生，您的意思是说，我已经被学校勒令退

学了？"

"一点儿不错，据好几位任课老师反映：由于你的存在，破坏了学生对老师的尊敬！你带坏了班级的风气！"

爱因斯坦明白了，心里长长地松了一口气："这样也好！想不到事情这么容易就解决了。"

他心里感到高兴，因为这样一来，在父亲面前也好交代了。不然，他私自退学，父亲肯定不会同意，说不定还会强迫他重新回来完成学业。而现在的情况就不同了，是学校方面勒令他退学，父亲也没有办法，最多不过是狠狠地责怪他一番罢了。然而被学校勒令退学，对16岁的爱因斯坦毕竟还是一次很大的伤害，他觉得自己的自尊心受到了伤害，尽管他自己原来就想离开学校的。他带着一颗受伤的心离开了路易波尔德高级中学。

曲折美妙的大学时光

意大利是一个迷人的地方。古罗马的教堂、博物馆、绘画陈列馆、宫殿以及风景如画的农舍……人们愉快、好客，举止无拘无束，到处都可以听见音乐、歌声和生气勃勃的谈吐。这与德国的军国主义气氛是根本不同的！父亲整天不停地唠叨："把你哲学上的胡思乱想统统扔掉吧！想办法学一点儿实实在在的东西，将来当个机电工程师吧！"最终他不得不接受了家人的忠告，于1895年秋天坐上了开往苏黎世的列车。通过他母亲的关系，爱因斯坦获准参加了瑞士著名的联邦工业大学的入学考试。然而，他的成绩实在不够理想，不过数学和物理考得十分出色，引起了学校教授和校长的关注，这给了他一线希望。

校长赫尔泽克是位身材修长、举止文雅的长者。他在仔细倾听了爱因斯坦关于退学情况的说明后说："爱因斯坦先生，我很惊讶于你的数理卷解答，这是阅卷组组长韦伯教授推荐给我的。可是学校的宗旨是培养T型人才，就是在学识全面的基础上精专一科。"

校长十分欣赏他非凡的数学能力以及渊博的数学知识，他给爱因斯坦提出了一个善意的忠告：应当先在瑞士的一所中学毕业后，再来投考联邦工业大学。校长还亲自推荐了阿劳州立中学，这所学校无论在教学方法还是在师资的组成上都是当时苏黎世最先进的。

阿劳州立中学和路易波尔德高级中学相比，显得实在太寒酸了。可是按照希尔曼先生的话说，这才是上学的好地方，学子可以专心致志地求学，避免许多不必要的外界影响。

他寄住在文德勒先生的家中。文德勒先生是阿劳州立中学的教师，不仅知识渊博，而且擅长教育心理学。他带着爱因斯坦在学校里到处散心，并让自己的妻子和7个孩子都与爱因斯坦交上了朋友。很快，爱因斯坦就在文德勒先生家里找到了温暖，摆脱了抑郁的心情。

爱因斯坦被分配在毕业班，辅导老师是文德勒教授，一位可亲可近的学者。爱因斯坦马上感到学校的教学环境很宽松：这里根本不实行军事化管理。除了座位随意摆放的教室

外，还有很宽敞的理化教具实验室、生物实验室和地理模型教具室。

爱因斯坦的日子过得很快乐，学业也大有长进。在藏书丰富的图书馆里，爱因斯坦写出了他的第一篇物理学科论文，登在校刊上，在同学中引起了轰动。

一个礼拜天，文德勒教授提议说："为了祝贺阿尔伯特发表论文，我们全家应该去旅游。"

孩子们欢呼起来，他们备足食物，向阿尔卑斯山进发。

爱因斯坦带上了小提琴，在流水潺潺的小河边拉起了舒伯特的《云雀》，在密密的黑松林中拉起了《小夜曲》。

一年很快过去了，爱因斯坦拿到了中学毕业文凭，苏黎世瑞士联邦工业大学同意他入学。

此时，爱因斯坦和文德勒教授一家已经是难舍难分了，老教授亲自驾驭马车，全家人送爱因斯坦到开往意大利的火车站，他要到米兰度完暑假，再返回苏黎世读书。

站台上，孩子们久久拥抱在一起，教授夫人哭了。爱因斯坦和文德勒教授一家，结下了终生的友谊。

1896年10月，度完假期的爱因斯坦出现在苏黎世瑞士联邦工业大学的校园里，就读师范系物理学科。这是他喜爱的专业，希尔曼先生和雅各布叔叔曾经劝过他，为了家族事业最好选读机电专科，但是他放弃了。

此时的爱因斯坦，是个风华正茂、体格强壮的年轻人。理想和憧憬，让他站在学校大楼的台阶上，仰头感叹："这才是我向往的高等学府啊！"

爱因斯坦登上教学大楼的楼顶，俯瞰着穿越城市的利马托河，河水闪烁着一片金黄，那是秋日阳光的反射。向南眺望，是著名的旅游胜地苏黎世湖，湖上漂荡着点点白帆，还有疾速移动的快艇。

城市几条主要的街道两旁，都是现代化的高大建筑，而沿山坡的民居，则掩隐在绿色的藤蔓里。爱因斯坦欣赏了一会儿，感到神清气爽。不过，最让他心满意足的并不是大学的优越环境，而是他即将在一批世界著名教授的指导下深造。

他办好入学手续，去拜见尊敬的赫尔泽克校长。他们聊起了物理学科授课的导师。

以韦伯定律闻名于世的韦伯教授，正是数学、物理两大学系的创办人，这位治学严谨的教授门下，已经出了不少著名的学者，特别是热导方面的。爱因斯坦早已拜读过他的不少著作。还有久闻大名的霍夫威克教授、年轻而名扬天下的俄罗斯人明考夫斯基教授……

课堂上，爱因斯坦好像在浩瀚的海洋中畅游，课后，他就只穿行在物理实验室、餐厅和宿舍三个地方。他最要好的同学马歇尔·格罗斯曼笑他："这样的学习方法最好，三点成一面，稳定结构嘛！"

格罗斯曼慢慢发现，爱因斯坦把主要精力转向了物理学，而且抱着极大的兴趣听韦伯教授的课，而对霍夫威克教授和明考夫斯基教授的课，渐渐松懈下来。他几次提醒说："阿尔伯特，数学，是一切学科的基础！"

"不，马歇尔，"爱因斯坦头也不抬地说，"物理学才是至高无上的，不过请你放心，我不会因此而抛弃数学的。"

一天，格罗斯曼告诉爱因斯坦："下午，明考夫斯基教授有个数理研讨会，有许多专家教授到会。同学们都去参加，你去吗？"

"哦，我还在思考一个热力定律，"爱因斯坦说，"还是请你把研讨会的笔记带给我看吧。"

对物理学，爱因斯坦已经把精力用到极限，以至于一些其他的课，不是不去听，就是在课堂上做物理习题。

"哎呀。"格罗斯曼无可奈何地说，"总有一天，你要为此付出代价的，朋友！"

牛顿，是爱因斯坦的神圣偶像。小时候爱因斯坦就常常在想，为什么苹果只向牛顿落下去？如果当时落到我的头上呢？在中学，当他背得出微分、积分方程时，就利用公式求解牛顿伟大的三大运动学定律之间的关系。的确，在两百多年的科学史里，经典物理学就是以这三大定律为基础的。牛顿定律，成了解释一切物理现象的金科玉律。但是，升上大学以后的爱因斯坦，开始对经典物理学产生了怀疑。因此他和格罗斯曼常常为这个问题争论不休。

"马歇尔，一切物体都是在运动当中的，能量就通过运动传递，是吗？"爱因斯坦思考着问。

"当然，牛顿定律早就解答了。"格罗斯曼说。

"可是，当速度达到一定值时，比方说光线，速度约为每秒钟30万公里。那么，"爱因斯坦站起来，"是什么让光子能达到这个速度的呢？"

"有学者已经有了假说，"格罗斯曼知道不能小看这个朋友，他十分清楚爱因斯坦的超常智商，"宇宙中还存在不为人类所知的一种物质，它能导致光速。"

"哦，我知道，人们称它以太。"爱因斯坦说，"物体存在有三种状态：固态、液态和气态，你说以太处于哪一种状态？"

"我怎么会知道？科学家们还没研究出来呢。"

"1887年，美国芝加哥大学麦迪逊博士和莫赖教授那个伟大的光学实验，证明光速是永远不变的。"爱因斯坦接着说，"这就证明了，以太是不存在的，奢谈以太是一种谬论。"

"是的，所以有些学者提出拯救以太的口号。"

"我还想到，如果物质达到一定速度，能否解释光速现象。"

"爱因斯坦，你好像在挑战牛顿，挑战经典物理学。"

"我？不可能吧。不过，科学应该是允许怀疑、欢迎怀疑的。"

这是爱因斯坦与好友的一段看似平常的对话，其实，爱因斯坦此时已经有了朦胧的相对论理念了。

有一天，爱因斯坦收到来自意大利米兰的家信。他感到很奇怪，信封上是母亲玻琳的一手秀丽的斜体字，而过去一向是父亲希尔曼先生写的豪放的大字。

"……孩子，对不起，这是我们能给你寄出的最后一笔钱了。"玻琳写道，"工人已经辞退，机器已经抵债，我们破产了。为这件事，你父亲耗去了极大的精力，住进了医院。这不是我们的错，有成千上万家企业倒闭了，好像整个社会的经济都出了问题。你别为我们担心，没有渡不过去的

河，家业一定会重振的。只是从下个月起，由你在日内瓦的姨夫，每月给你寄100法郎。估计能让你不饿肚子，省着点儿用吧。好好完成你的学业！亲你，孩子！"

爱因斯坦看完信，沉默了好久，一种家庭责任感的压力，漫及全身。

爱因斯坦规定自己以后每月存20法郎，因为以后如果有急用，不会有人支持他了。他从学校宿舍搬到了一间廉租房，没有暖气，只有一扇小小的窗子。他常常穿着破旧的衣服，一天只吃一片面包喝一杯牛奶，以更紧迫的心情在课堂和图书馆汲取知识。

菲立迪希和格罗斯曼这些好朋友很想资助他，但是不敢表示，因为他们知道爱因斯坦的倔脾气。于是他们巧立名目搞些聚会，变着法子改善爱因斯坦的生活。

菲立迪希偷偷租了个地方，去找了几个需要家教的学生，让爱因斯坦去替他们补习。爱因斯坦认为现在读书的学生经济上都很困难，所以收费很低。可是他不知道，朋友菲立迪希为此支出的房租，远远超过他的授课收费。

同时关心着爱因斯坦的，还有一位匈牙利姑娘米列娃·玛丽克。每当教授走进教室，一号座位上多数是一位女同学坐着。每次向老师提出质疑最多的，也总是她。这个说话带着塞尔维亚口音的姑娘就是米列娃，她那双蓝色的大眼睛里透出的都是问号，显得格外纯真。爱因斯坦发现，她提出的许多问题是很有深度、有独到见解的。不知怎么的，爱因斯坦的视线，老是在她那侧脸的秀丽的曲线上停留。

有一次，米列娃提出一个导出常量的问题，教授让爱因斯坦解答。

　　爱因斯坦在黑板上列出方程式，很快得出了解。教授问米列娃看懂了没有，她站起来说："教授，爱因斯坦同学3分钟里面，提了15次裤子。"同学们哄堂大笑，也把这一对年轻人笑到了一起。

　　爱因斯坦和米列娃都是图书馆的常客，他俩总是坐在一起看书。图书馆内严禁喧哗，他们探究问题时，总是写在纸上。两人靠得很近，爱因斯坦闻得到少女青春的气息，觉得这个时候脑子也特别灵敏好使。他们之间的友谊转成爱情是那么顺理成章，一点也不浪漫。他们的志趣都在做学问上，他们相约毕业以后自立了，就结婚。

　　爱因斯坦和米列娃的爱情，就这么定下了。爱因斯坦深深爱上了瑞士这个国家，爱上了苏黎世这片土地，在大学三年级的时候，他向瑞士政府提出了国籍申请。

第二章

坎坷的求职之旅

◆ 寻找工作四处碰壁

◆ 爱情结果 事业丰收

◆ 1905年——生命大放异彩

◆ 到母校任教

✳ 寻找工作四处碰壁 ✳

　　1900年秋，爱因斯坦通过了毕业考试，拿到了大学文凭。爱因斯坦的成绩如下：理论物理5分，物理实验5分，函数论5.5分，天文学5分，毕业论文4.5分，平均分4.91分。虽然分数已经相当不错了，而且还有优秀研究者的名声，但爱因斯坦未被留在大学里，他的朋友们却留下了。从此，爱因斯坦开始了漫长的求职道路。

　　为了寻求一份固定的工作，他不得不考虑加入瑞士国籍，以取得合法身份。最后，1901年2月，他花掉了自己的全部积蓄，回答了有关祖辈们健康和性格的所有问题，并向当局保证不酗酒之后，才获得了瑞士国籍。

　　待业的时光里，爱因斯坦写了一篇论文《由毛细管现象得出的推论》，寄往莱比锡。在米兰工作也难找，而且在意大利爱因斯坦已经算是外国人了。

　　他考虑再三，还是返回苏黎世。幸运的是，这个公民没有被召入伍参加瑞士的联邦军队，因为军队发现，他是平足，并且有静脉曲张，不适合当兵。

　　爱因斯坦在报纸上看到，有个叫温特图尔的小镇上的一所中学技校正在招聘临时教员。他赶了过去，原来这里离苏黎世城不远。这个小镇是穷人区，到处是工厂的大烟囱。

　　技校的校长也不看档案，只说代课期半年，爱因斯坦当即答应了。因为这毕竟是他的第一份工作，他需要糊口。

爱因斯坦教的是机械识图课，当他走进教室的时候，站起来一屋子的年轻工人，年纪都比他大。爱因斯坦还了礼，摊开认真准备的授课笔记，在黑板上写下"第一课"。

刹那间教室里只有"沙沙沙"的做笔记声。面对一双双渴求知识的眼睛，爱因斯坦的眼角湿润了。

没多久，这位小弟弟般的老师，以他的渊博学识获得了学生们的尊重。连他在黑板上书写时老是要提裤子这个习惯动作，也被当成是一种风度。每天，工人们还主动替他准备午餐。

6个月时间一晃而过，正式老师来了，爱因斯坦要走了，学生们送了一程又一程。技校校长骑马追了上来。"我们这里还没有像您这么受欢迎的老师，爱因斯坦先生。"校长说，"如果您愿意的话，请拿上这封信，去莱茵河边的夏夫豪森吧，那里有我的亲戚。"

也许是有感于找工作的艰辛，也许是因为莱茵河的对面就是德国，对故国总有一些依恋感，爱因斯坦毫不犹豫，转身去了夏夫豪森。

技校校长的亲戚很客气，他是一家住宿学校的宿舍管理员，这儿有几个学生需要课外补习，爱因斯坦暂时安下心来，当家教老师。

但是他和他的老板雅科巴·纽易莎对教学的观点和目的不一致。这位补习老师所表现出来的判断独立性和自主性使纽易莎感到非常不满，于是他很快就被解雇了。

格罗斯曼来探望老朋友。当他看到穷困的外表并没有遮住爱因斯坦的奕奕神采，不由得开心地大喊："嗨，这才是

我的朋友，阿尔伯特！"

格罗斯曼带来一份莱比锡出版的《物理学杂志》，爱因斯坦去年年底写的论文在上面发表了。并且格罗斯曼也给爱因斯坦带来了一份工作。"伯尔尼专利局局长是我父亲的至交，请他老人家出面，你至少可以申请一份专利审核员的工作。不过，是很乏味的工作。"

爱因斯坦在《自述》中说："明确规定技术专利权的工作对我来说也是一种真正的幸福。它迫使你进行多方面的思考，对物理的思索也有重大的激励作用。总之，对我这样的人，能有一种实际工作的职业就是一种最大的幸福。因为学院生活会把一个年轻人置于这样一种被动的地位：不得不去写大量科学论文，结果是趋于浅薄，只有那些具有坚强意志的人才能顶得住。我感谢格罗斯曼帮我找到了这么好的职位，真心的感谢。"

爱因斯坦回到了苏黎世。在安心等待录用通知的这段时间里，他并没有闲着，而是每天带上几片面包和一小罐草莓酱，在瑞士联邦工业大学的图书馆里完成了高质量的论文《电势差的热力学理论》，这篇论文引起了一些物理学家的关注。6月，爱因斯坦完成了震惊科学界的论文《关于热平衡和热力学第二定律的运动论》，第一次提出了热力学的统计理论。同时，他也收到了伯尔尼专利局的录用通知书，上面官腔十足地写道："经研究，特聘用阿尔伯特·爱因斯坦先生任我局试用初级(三级)技术员。年薪3500法郎。"他终于有了固定的职业，不必再为生活操心了，可以在工作之余专心致志地研究心爱的物理学了，他非常满意。他到专利局工作后很快就赢得了大家的喜爱，一个同事问他："怎样才能做一个好公务员？"

他微笑着看了这位同事一眼，慢吞吞地说："这里有一个公式：A＝X＋Y＋Z，A是成功，X是干活，Y是游戏，Z是沉默。"

伯尔尼专利局和所有的官僚机构一样，是个混日子的地方，再有抱负的青年，也会被磨得成为面团。没有多久，爱因斯坦就摸清了这里的工作程序和方法。专利局给了爱因斯坦一套不大的公寓。每天晚上，总有一些代表科学技术未来的年轻人，聚集在这里高谈阔论。

其实，科学是没有国界的，学科也是没有边界的，这种民间的互动式的交流，常常会触发突如其来的灵感。他们在这里提出问题，探讨、争吵、辩论，互不认账，却又服从真理。爱因斯坦的思路被打开了，许多奇思妙想，或被推翻，或被认可，或被发展。他们往往到深夜才散去。

哈勒先生对爱因斯坦这个初级技术员极为满意，每次巡视部下，总看到他伏案努力工作，而且他审核专利的质量也很高，在专利评价上，还会有指导性的意见。

"好好干，阿尔伯特·爱因斯坦先生。"哈勒局长说。

"谢谢，局长先生。"爱因斯坦说，"我会热爱这份工作的。"

这位说话幽默、风趣诙谐的三级专家，正坐在4楼86号办公室里，审查一份份专利申请。他必须像局长严格要求的那样，提出一针见血的意见，并且写出精确的鉴定书。他带着怀疑的眼光审视这些五花八门的新发明。敏锐的直觉使他

很快就从复杂的图纸中抓到了本质的东西。他把错误的、荒唐的、异想天开的往边上一推；对有价值和新颖有趣的新发明、新创造，分别写出鉴定书并归档。

一天的工作往往不到半天就完成了。这时候，他就可以拿出小纸片来，做自己的物理学研究了。原来，这就是他那个公式中的游戏Y！一行行数字、一个个公式，很快就写满了一张，一张张纸片很快就变成了一叠。他眼睛盯在纸上，耳朵听着门外，一有脚步声，就赶紧把纸片放到抽屉里去。因为局长规定，上班时间不准做私事。

爱情结果 事业丰收

大学期间，爱因斯坦和他的女朋友米列娃已经打算结婚了。离开学校不久，有了自己固定的工作，他便在克拉姆胡同租下一套住所，开始考虑成家的事情了。

然而，双亲却极力反对此事。1902年，他还为这与母亲产生了暂时的不和。他的母亲不仅当时而且后来一直都不喜欢米列娃。1902年，父亲患心脏病，他回到在米兰的父亲身边，父亲终于在临终之前同意了儿子的婚事。1902年10月10日，希尔曼逝世，葬于米兰。

转眼到了1903年1月，爱因斯坦和米列娃结婚了！婚礼就在亲友们的企盼中举行。玻琳和玛雅来了，联邦工业大学的明考夫斯基教授来了，亚尔洛镇的文德勒教授一家也来了，格罗斯曼先生来了，还有奥林匹亚科学院的人士和在伯尔尼的朋友们也都来了。

那天，伯尔尼大教堂格外热闹。新娘米列娃披上婚纱，如同天使一样美丽。爱因斯坦总算脱去似乎永远穿着的黑皮外套，换上西装；剪短了懒得去理发店而留长的头发，喜气洋洋的脸上是憨厚的笑容。

他明白，结束单身汉的日子对他来说有多么重要。因为他越来越感到以牛顿理论为基础的经典物理学，已经解释不了许多现象，他现在的思路已经逐渐明晰，可是科学的论证将是一个艰苦的过程。他迫切需要生活上的照顾和学术研究上的助手。米列娃的到来，更加激起了他青春的活力。

婚后，他们搬出了专利局的小公寓，租了一套较为宽敞的房子，爱因斯坦坚持客厅一定要大大的，因为一定要有家庭沙龙。

家庭沙龙照样高朋满座，好在米列娃·爱因斯坦夫人也是个学者，她只要为客人们备上一壶炭烤咖啡就行了。她不时地在议论中插上几句嘴，而不像丈夫那样争起来就没完。

现在大家讨论的主题慢慢集中在当年爱因斯坦和马歇尔讨论过的"以太"，这个假说到底成不成立，有没有这种物质。

"没有！"爱因斯坦说得很肯定，"芝加哥麦迪逊博士那个伟大的实验，证明光速是恒定的。那么，从承载光运动的以太来说，它是静止的，因为它一运动，光速就会变了。"

"你是说，宇宙不存在绝对静止的物质，是吗？"贝索说。

"这是常识，"米列娃插进来说，"比如，'火车的速度是每小时80公里'，这句话不严谨，应当说，火车相对于铁轨，时速是80公里。"

罗马尼亚人摩利斯先生接上来说："而铁轨相对于大地，是静止的。"

"人能看到物体，都是光线的反射，对吗？"爱因斯坦指指头顶的灯问。

"阿尔伯特，"康德拉先生笑了起来，"没有光线的黑屋子里，谁能看到您的尊容？"

"大家注意，"爱因斯坦举起一只手说，"假如有人坐在一列相对于地面做匀速运动的火车上，姑且认定时速是80公里，那么，他将会看到什么？"

"火车里面的一切都是不动的，而车窗外的一切都是很快移动的。"摩利斯轻松地说。

"太简单，"爱因斯坦说，"应该说是，这位先生向右边车窗外看去，可以看到铁轨旁边的树正飞快地向后面跑去。这位

先生向左边的车窗外看去，公路上有一辆时速60公里的汽车相对而行，那它向后移动的速度更快。这位先生低头看看火车的地板，却是不动的，也就是说速度为零。"

贝索马上领悟了，脱口说道："那就是说，同一个时间，我们看到了两种速度。"

"这就对了，速度在相对比较中才有意义。以一种速度为基准，拿其他速度来比较，才可以说快了或者慢了。"爱因斯坦说完，陷入了沉思。

一年以后，米列娃生下了一个儿子，起名汉斯·阿尔伯特。儿子的出生给爱因斯坦带来了欢乐，也带来了沉重的负担。他本来已经拉着专利局和物理学研究两辆沉重的车，现在又套上了家庭这辆车。

于是，每天一大早，爱因斯坦用婴儿车推着汉斯，头发仍然凌乱，趿着旧皮鞋，破毛线背心外面套着一件黑皮外套，昂首阔步地走在街道上。行人们都在猜测：这人大概是行为艺术家吧？

这个年轻的父亲，左手抱着儿子，右手做着计算。孩子的啼哭声和哄孩子的声音交织在一起，奏出了不和谐的交响曲。他有一种奇妙的自我孤立的本领，现在他的世界里只有自己一个人，那里的声音是分子、原子、光量子、空间、时间和以太。

在对相对论研究论证的过程中，爱因斯坦完成了一些衍生出来的论文。

有一天，格罗斯曼来了，两个老朋友在客厅里无所不谈。格罗斯曼慢慢翻着爱因斯坦的手稿。他突然盯住一沓手

稿看了好久，惊诧地说："老朋友，你已经进入了量子理论范畴，提出了光量子的假说，这可是当前的尖端学科呢！"

"哦，这是论证相对论所必需的，"爱因斯坦淡淡地说，"这能解决光能、电能互相转换的问题。"

"阿尔伯特，你赶快整理一篇论文交给我。"格罗斯曼说，"学校正为申请博士学位的论文水平太低而头疼呢，你却把这些手稿随意放在茶几上。快一点，下个月学校就要举行博士论文答辩会。"

"这有意义吗？不过我遵命。"爱因斯坦笑笑说。

1905年4月，在坚冰消融的日子里，苏黎世瑞士联邦工业大学的第一学术厅里，几排座位上坐的都是一些学术界的巨头。校长赫尔泽克先生也来了，他为自己当年慧眼识人才，指点爱因斯坦完成了学业而无比欣慰。

爱因斯坦提交给母校的博士论文是《分子大小的新测定法》，这个题目就像他本人一样朴实。在纯学术领域，从理论到理论的论证，往往要通过漫长的时间考验才能体现它的指导意义。

而爱因斯坦的论文，不仅有关于学科发展的论述，有假说，还有能量转换的论证。这就是说一旦投入运用，很快就会让社会产生巨大的财富。

评委们都很兴奋，这是一篇不可多得的优秀博士论文，而论文的作者，就是本校的学子。所以当爱因斯坦走下答辩论坛时，台下响起了热烈的掌声。

一切如愿以偿，爱因斯坦拿到了博士学位，是答辩委员会一致通过的。

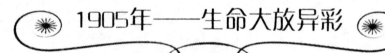
1905年——生命大放异彩

　　26岁的爱因斯坦完成了相对论的论文《论动体的电动力学》，开创了物理学科的新纪元。在他向相对论课题做最后冲刺的时候，朋友们都主动地不上门了。他向专利局请了假，回家只对米列娃说了一句："没有大事，别来惊动我。"就上楼去了。

　　虽然只有短短的3000字，一个划时代的理论——相对论诞生了。为了这篇3000字论文，他苦思冥想了将近10年。

　　1905年6月，他将这篇论文寄给了当时世界物理学界最权威的杂志——莱比锡《物理学年鉴》。早在1905年3月和5月，爱因斯坦还曾将他当时新完成的另外两篇论文《关于光的产生和转化的一个启发性观点》和《热的分子运动论所要求的静液体中悬浮粒子的运动》，先后寄给了《物理学年鉴》。这篇相对论论文已经是他当年寄去的第三篇论文了。他又为《论动力的电动力学》这篇重要论文写了一篇补充性论文《物体的惯性同它所包含的能量有关吗》，这两篇论文同时成为开创相对论的重要论文。论文完成后，爱因斯坦也将它寄给了《物理学年鉴》。

　　他先后寄到《物理学年鉴》去的三篇论文，竟同时在1905年9月该杂志的第17卷上发表出来。后寄去的一篇，也在随后的第18卷上发表了。博士论文后来发行了单行本，他又将它寄给了《物理学年鉴》，发表在1906年的第19卷上。

当时像《物理学年鉴》这样著名的权威科学刊物，谁能在它上面发表一篇论文就是一件很了不起的事，而爱因斯坦的这五篇论文，竟全部都是在它上面发表的，而且其中三篇还发表在同一期上。在同一期刊物上发表同一位作者的三篇论文，这在《物理学年鉴》的历史上从未有过，更不用说这三篇论文还同时在20世纪物理学新开辟、新发展起来的三个主要的未知领域里——相对论、量子论和分子运动理论都取得了重大的突破：其中一篇为走入迷宫的分子运动新理论开辟了新的研究方向；另一篇为作者赢得了诺贝尔奖（由诺贝尔的部分遗产作为基金创立的，分为物理学、化学、生物与医学、文学与和平五个奖项）。

◎诺贝尔：阿尔弗雷德·贝恩哈德·诺贝尔（1833—1896），瑞典著名化学家、硝化甘油炸药发明人。

而最后一篇不但开创了物理学的新领域，而且开创了物理学的新世纪。

以牛顿定律为基础的经典物理学，在科学界运用了两百年后暴露出许多不能解释的漏洞。许多科学家敏感地对未来产生了深深的忧虑：一旦经典不成为经典，物理学往哪儿去？人类的科学技术该怎么发展？

爱因斯坦那篇具有划时代意义的《论动体的电动力学》论文发表后的第10个月，德国的柏林城隆重地举行了物理学年会。由于世界物理学权威、德国著名的物理学家普朗克教授要在会上提出质疑经典物理学的《关于普朗克运动方程式》，所以几乎所有的著名学者都参加了，会议为世界所瞩目。与会的科学家发现，普朗克教授论述他的

运动方程式，许多论点论据引自爱因斯坦的那篇相对论论文。而且教授举起《物理学年报》5月号月报说："这篇论文的意义所在，是改变了牛顿先生的时空观念，揭示了质量和能量的相对性。"

《普朗克运动方程式》引起了很大的争论，给沉闷已久的物理学界带来活力，也引发出一种新的思潮。

"阿尔伯特·爱因斯坦先生并不知道，是他的相对论激发了我。"普朗克教授最后说，"我建议大家读一读5月号杂志上这篇天才的论文吧！可是这位年轻的天才，正默默无闻地坐在伯尔尼专利局，审核那些永无休止的专利！我的话完了，谢谢大家！"

这是爱因斯坦这个名字第一次在世界上传播。

一个月后，伯尔尼国家专利局局长哈勒先生请爱因斯坦共进午餐，同时还请了好几个同事。

餐后午茶时间，哈勒局长从秘书手中接过一张提级令宣布："祝贺大家，各位都是本局升级人员，本局的事业要依靠各位努力了。"

局长接着念下去："……爱因斯坦先生，升任为正职二级技术员……贝索先生，升任为正职一级技师……"

贝索和爱因斯坦正坐在橡木沙发椅上。贝索显出一副苦相，低声说："阿尔伯特，我完了，升到顶了，以后都是没有希望的日子了。"

"我也完了。"爱因斯坦也做了个怪怪的样子说，"正职二级，是要巡视审核的，时间，我的时间呀，没了！"

"阿尔伯特，你得离开这里。"贝索诚恳地劝说道。

"不，我不离开，"爱因斯坦坚决地说，"专利局是观察民间科技动态的好地方，每天事情不多，挺逍遥的。"

"唉，我的朋友，"贝索说，"你不该死守在这儿，不然枉此一生啊！"

"哪儿的话？"爱因斯坦反驳说，"糊口是一回事，志向又是另一回事。我的追求是物理学科，研究累了时，工作却正好让我休息。"

这年的11月，爱因斯坦完成了《论固体比热的几个问题》的论文，这仅仅是他一个庞大课题"固体量子论"的第一篇论文。

学科的理论有很大的关联性，爱因斯坦的才思喷薄欲出。第二年，他又进入了引力场的研究。不到两个月，一篇《关于相对性原理和由此得出的结论》的论文发表，让一些多年从事这一课题研究的学者汗颜。爱因斯坦明确无误地指出一个原理：均匀引力场和均匀加速度等效。

爱因斯坦接二连三地在科学论坛上发表的见解独到的重要论文，就像一颗颗炸弹。有些因循守旧的学者，早先一直在鼓吹"物理学科已经很完美了，剩下的只须证明而已"的论调，现在处在尴尬的境地。

◎因循：沿袭；守旧：死守老的一套。死守老一套，缺乏创新的精神。

其实更为尴尬的是那些高等学府，人才荟萃，精英毕至，汇聚了科学研究和理论界的权威。现在一个只是二级技术员的年轻人，却特立独行，否定了许多被视为经典的东西，搅得学界人仰马翻。不

少学者教授提出疑问：为什么大学里没有这样的奇才怪杰？为什么爱因斯坦博士不能来教授我们的大学生？瑞士的大学界反响最强烈，因为爱因斯坦的国籍在瑞士。

第二年的秋天，当伯尔尼国家专利局院子里的枫叶红了的时候，一封伯尔尼大学的公函摆在了爱因斯坦的办公桌上。爱因斯坦用裁纸刀挑开封口，里面是一张由伯尔尼大学副校长亲笔签署的聘书。爱因斯坦咧咧嘴，随手就塞进了满是公式运算草稿的抽屉里。爱因斯坦就这样有了第二份工作，不过正式名称要好听些，叫做特约讲师。按康德拉副教授的解释，如果是"兼职讲师"开的课，学生就不会重视。讲师开的都是副课，学校准许由自己定课题，爱因斯坦就把正在研究的黑体辐射课题搬上课堂。因为这是新的物理学领域，他用最通俗的语言写了教学说明，以防教务部门不熟悉，将其否决了。

米列娃有些担心地问："阿尔伯特，理论成熟了吗？学生们接受得了吗？"

爱因斯坦回答："理论当然有把握。不过我想研究和教学同步，听听大众的反应。学生们这个年龄段，正是接受能力最强、脑子反应最灵敏的时期。"

伯尔尼大学在郊区，路不远，学校还负责用车接送。选听特约讲师的课，学生们必须办理注册缴费手续，而且爱因斯坦特意要求，听课学生可以不分年级，不分校内外。

爱因斯坦从小就不善言辞，讲课的语言并不生动。但是他能深入浅出地诠释任何物理现象，而且逻辑严谨，叙述条理分明，因此也吸引了不少有志向的学生。

有一天，在教室后座坐了一位文质彬彬、气度不凡的中年人。爱因斯坦走进教室，一眼就看到了他，就向他微微点了点头，以为这位是来监察听课的校监先生。一进入讲课角色，爱因斯坦就把一切都丢在脑后了。

下课了，爱因斯坦整理好笔记，正要离开讲台的时候，中年人走上来，友好地和他握了握手说："阿尔伯特·爱因斯坦先生，您好！我叫康莱纳，能和您聊几句吗？""很乐意，康莱纳先生。"爱因斯坦微笑着说。"爱因斯坦先生，我来自苏黎世瑞士联邦工业大学，您的母校。"康莱纳先生说，"我受校长先生的委托，专程来观摩先生的讲课，事先不便通知，请您原谅。"

"康莱纳先生，这是公务，不必过意不去。"

"校方有意诚聘先生执教。"康莱纳先生话锋一转说，"不过依我个人的感觉，先生虽然满腹经纶，但在表达上尚有不足之处。"

"我自小口才就不太好，康莱纳先生也看出来了。"爱因斯坦承认道，"很感谢您能指出我的缺点。"

"爱因斯坦先生，说实话，我觉得您选择的内容太深奥，不看对象施教，很难令人接受，年轻人会对'黑体'这种概念有兴趣吗？"

"这是我需要注意、改进的，康莱纳先生。"

"所以，"康莱纳先生继续说，"如果您坚持以这样的方式进行教学的话，我回去将很难向校长先生作出令人满意的汇报。"

"谢谢您，康莱纳先生。"爱因斯坦认真地说，"您的批评，将会让我更重视我的教学。不过也请您回去转告我母校的校长，学生爱因斯坦目前没有任何回母校任教的打算，对不起！"

到母校任教

在伯尔尼专利局得到了技术专家的职务，这对爱因斯坦来说是人生的一个转折点，他有了不低的稳定收入，经济上获得了独立，不再会为生活的困顿而绞杀了他无与伦比的智慧。

在1905年前后，爱因斯坦还十分满意专利局的工作，尤其是8小时之外还有8小时"醒着"的时间，再加上整整一个星期天可以让他思索科学问题。但是他的朋友劳步在1908年3月1日写的信，恐怕也曾触动了他的思绪。劳步说："我必须承认，得知你每天能够在办公室里坐8个小时，实在非常惊诧！但是，历史总是充满让人无法释怀的笑话。"言下之意是爱因斯坦应该是教授，而不是专利局出色的职员。

实际上，爱因斯坦在1907年年末就有离开伯尔尼专利局到大学当教授的打算。如果真要去大学任职，按规定他要呈送一篇论文给大学当局。

春种秋收，1909年的3月和10月，爱因斯坦相继完成了两篇重要论文，用相对论对科学新领域"黑体辐射论"作出了预言式的论定，引发了科学界的强烈地震。

3月份第一篇预言发表时，就已经使全世界的科学家将目光一下子集中在他身上。没想到过了半年，这位科学奇才又作出了更进一步的重要预言。所以，当著名的日内瓦大学7月份向全球学术水平最高的学者授予荣誉博士学位时，30岁的阿尔伯特·爱因斯坦众望所归，而且名列第一。

他应邀出席建校350周年的庆祝会。庆祝盛典的莅临者们后来回忆说，爱因斯坦的礼帽和普通的西服在法兰西科学院院士的绣花燕尾服、英国绅士的中世纪长袍，以及来自全球两百多名代表各式各样的名贵装束中，显得太普通了。

爱因斯坦的名望一下子远播全球，他成了科学界炙手可热的红人。9月，德国的萨尔斯堡召开全国自然科学家协会第八十一次大会，邀请世界各地的科学权威参加，爱因斯坦收到了编号为0001号的邀请书。这是爱因斯坦第一次应邀作学术报告，也是他第一次同物理学界的同

◎炙手可热：炙：烤肉，本成语意指手摸上去感到热得烫人，比喻权势大、气焰盛，使人不敢接近，含贬义。媒体扩大其使用范围，形容一切"吃香"的事物，完全背离其本义。

行们相会，大家已把他列入巨人之列。他在巨人中寻找普朗克，他把双手向普朗克伸去，创立量子论和创立相对论的两双巨手紧紧地握在了一起。

大会安排爱因斯坦第一个演讲。主持人普朗克教授说："现在由瑞士的阿尔伯特·爱因斯坦博士宣读论文《关于辐射的本质和结论观点的发展》。"

台下响起暴风雨一样的掌声。爱因斯坦走上讲台时有点惶惶然，稿纸掉到了地上，台下发出一阵善意的笑声。宣读开始了，他的语气越来越平稳，动作也自然了。可是台下不少人皱起了眉头，并且开始低声议论。

爱因斯坦在掌声中结束了论文的宣读。普朗克教授说："刚才爱因斯坦博士的论文，我敢说与会诸位中，真正听懂了的不会超过十个人。不过，十个会变成百个、千个、万个。因为从一个新理论的创立到为大家所接受，往往有个时间过程。"

普朗克教授说对了，对爱因斯坦的这个理论，科学家们争论了30多年。一直到美国军队在日本广岛丢下了原子弹，如同一场代价极其巨大的军事科学实验证明了爱因斯坦的论断，争论才销声匿（nì）迹了。

就在萨尔斯堡召开第八十一次科学大会的时候，爱因斯坦的好友菲立迪希·亚德勒从维也纳抵达苏黎世瑞士联邦工业大学。

后来到苏黎世瑞士联邦工业大学任教，亚德勒和爱因斯坦之间还有一段小插曲。跟爱因斯坦同时来竞争岗位的还有一位，那就是亚德勒。然而一听说爱因斯坦也要来任教，他

说：“谢谢校方的信任，我只说一句话。听说竞争这个教席的还有爱因斯坦博士。如果这是真的，请把聘书发给他。”

这突如其来的变故让在座的各位愕然。亚德勒把自己的聘书放在会议桌上，转身走到门口停下来又说：“爱因斯坦博士比我更称职。”

校长站起来说：“菲立迪希先生，我们将考虑您的建议。”

从萨尔斯堡回到伯尔尼，爱因斯坦家的信箱里积了不少信件。除了账单，还有几封是来自英国、芬兰、俄罗斯和德国的函件。爱因斯坦知道，又是一些大学和科研机构来要求他去执教或加盟的。他最终选择了去母校。

“这些日子，我总在想普朗克教授那句话，”爱因斯坦说，“十个会变成百个、千个、万个，我该有个讲台，去讲讲我的相对论，不是吗？”

哈勒局长接到爱因斯坦的辞职书时，流下了眼泪，爱因斯坦也动了感情。

来到苏黎世后，米列娃心情很好。瑞士联邦工业大学给了他们一套面朝利马托河的小型别墅。她把最宽敞的房间布置成爱因斯坦的书房，把丈夫喜爱的小提琴摆在书房的一角。那铜质的沉甸甸的施耐特天文望远镜就架在了窗口。

学校聘任爱因斯坦为物理学副教授，教授力学、热力学，还负责组织学术会议。学校也留下了亚德勒教授，请他开设了认识论和电场论的课程。

康莱纳教授也和他们在一起教实验物理。他内心为一年前去伯尔尼大学考察爱因斯坦教学水平而说的一番话而后

爱因斯坦

AI YIN SI TAN

悔。可是爱因斯坦早就忘记了，对他像是对老朋友一样真诚，这反倒使康莱纳教授歉意更深。

爱因斯坦的生活安排其实跟在伯尔尼没什么两样。除了研究课题以外，上课就是一种放松。

每次他看着怀表的钟点走进教室，一面脱下帽子和外套挂上衣架，一面就和学生随意说话："同学们，上次讲的量子的测定问题，你们有什么想说的吗？"

他不要求老师进教室的那一套礼节性的程序，所以在学生七嘴八舌提问时，他很快抓住一个要点，讲解起来，课也就不知不觉讲开了。他从来不带讲义教材，是学校里唯一这样做的教师。本来名望就高，又那么平易近人，爱因斯坦副教授很快成了学生们的偶像。

学校常常开校务会，爱因斯坦不爱听那些没完没了的无谓发言，就合上眼睛在自己的想象中驰骋。有一次，他仿佛听到有人提到他的名字，但是他正陷入一个关键论据的辨析之中。

"诸位，我听到学生对爱因斯坦副教授的反映，提请爱因斯坦先生注意。"一位老教授说，"爱因斯坦先生上课从不带讲义教材。校长先生，就是博闻强记的天才，也不可能毫无依据地左右一整节课呀。"

又有位学监老师附和道："我还听到学生编的顺口溜说，'聪明的人才是数学行家，阿尔伯特·爱因斯坦指出物理学的方向，虽然他很少散步、呼吸新鲜空气，可是上帝不让他剪掉长头发。'诸位，这不是一种好现象，提请校长先生注意。"

亚德勒教授马上表示异议说："一位教授能上课不用看笔记，下课学生们把他编成顺口溜。尊敬的校长先生，本人觉得这才是我们每个人要努力争取达到的至高境界啊。"

"我很了解爱因斯坦先生。"格罗斯曼教授直接对那位老教授说，"行为要和效果统一起来。爱因斯坦先生的任教水准，请您到学生当中、教务处去调查后，再下结论。"

"爱因斯坦先生有着高尚的人品。"康莱纳教授有点激动，站起来说，"他是一位能把贵族般的智慧和气魄，完美地和平民化的人格统一起来的人。这一点，我们在座的每一位，都是不容易做到的。"

此时的爱因斯坦仍然合着眼睛，在思考物质的临界问题，他根本不知道他们在争吵些什么。

绕过苏黎世城南的拜登湖，再偏东一点，就是慕尼黑，就是少年爱因斯坦生活过的地方。这让爱因斯坦常常想起路易波尔德高级中学和那位古典文学老师刘易斯先生。

第一个假期，爱因斯坦就搭上邮政驿车去了慕尼黑。他觉得这个城市还是那么阴暗、消沉，让人窒息。

沿着熟悉的街道，他很快就找到了刘易斯先生那两层小楼。衰老得背也佝偻了的老师，正用修枝剪伺弄着楼前的冬青木。爱因斯坦快步走上去，快活地叫道："您好，刘易斯先生！"

隔着院子的木栅栏，刘易斯先生直起身来，疑惑地看了爱因斯坦一眼说："请问，您找谁？"

"刘易斯先生，您不认得我啦？"爱因斯坦高声说，

爱因斯坦

AI YIN SI TAN

"我是阿尔伯特·爱因斯坦呀，您的学生，不记得啦？"

刘易斯先生倚在院门口，上下打量着来客说："阿尔伯特·爱因斯坦？不记得了。"

"您让我在课堂上扮演浮士德，而您自己扮演靡非斯特，演出歌德的诗剧，您还记得吗？"

"有这样的事？我不记得了。"刘易斯先生的眼睛死死盯着爱因斯坦绽了线的皮鞋和那双不穿袜子的光脚。

"当年，您教我们要和过去的天才们对话。"爱因斯坦急了，"这您应该不会忘记的……"

"先生，您还有什么要帮忙的吗？"刘易斯先生打断了他的话，从裤兜里掏出五法郎纸币，搁在栅栏上，转身向屋里走去。

夏天到来的时候，爱因斯坦的第二个儿子爱德华出世了。在小爱德华刚学会笑的时候，爱因斯坦发表了论文《关于临界乳光的理论》。

58

第三章

奋斗之路 危机四伏

位列世界级学者中

荷兰的莱顿大学是众多邀请爱因斯坦讲学的高校中捷足先登的一所。这是扩大名声的好时机。世界各地的报纸都登载了这个消息，在记者们用镁光灯拍摄下来的照片中，贵宾旁边总有一位老者，这就是德高望重的洛伦兹教授。

在当访问学者的几天里，爱因斯坦和洛伦兹教授一直没有分开过，他们没有年龄的隔阂，有的只是对物理学科相同的理念和造诣。

"爱因斯坦博士，科学是没有国界的，科学家也是没有国界的。"洛伦兹教授诚恳地说，"如果我们可以合作，成果将更惊人。希望您能来莱顿大学，我将让学校为您准备好一切。"

然而拮据的生活却让爱因斯坦接受了太太米列娃的建议，去了薪水较高的位于布拉格的德国学院。

尽管在那里奥匈帝国的德意志民族和捷克民族之间矛盾很大，

使布拉格大学也分成德国学院和捷克学院。

布拉格大学欢天喜地请来了科学界的翘楚，可是爱因斯坦的神色并不是十分愉悦。爱因斯坦从小就有一种和平的愿望。他很希望世界大同，没有战争和饥饿。

◎翘楚：比喻杰出人士。

可是这所大学的民族矛盾这么尖锐，这让他感到忧心忡忡。

布拉格的居民绝大多数是捷克人，少数是德国人。有些德国人认为自己是布拉格的主人，在大街上，在公园里，他们趾高气扬，歧视捷克人民。

爱因斯坦亲眼看见，一个德国的尉官傲慢地用马鞭抽打报童，只因为报童说了一句捷克话。在咖啡馆里，菜单上赫然印着德文，捷克文的字迹却很小。爱因斯坦想起了自己在慕尼黑的少年时代，他对于种族主义、沙文主义感到深深的厌恶。

办理手续的官员刻板地一项一项登记，他问道："教授先生，您信仰什么宗教？"

"我不信宗教。"

"不信宗教？"官

◎沙文主义：指极端的、过激的爱国主义，富有侵略性的民族主义。拿破仑军中有一个士兵名叫沙文，他狂热地热爱法国，认为法国应该称霸欧洲，这是沙文主义一词的由来。

员皱着眉头，"我们尊贵的皇帝陛下规定，任何担任公职的人都必须信仰上帝，教授更不能例外。"

看到爱因斯坦默不作声，那个官员问："您的民族？"

爱因斯坦回答："犹太人。"

爱因斯坦
AI YIN SI TAN

官员说:"那么,我填上犹太教。"

官员认真地履行自己的职责,他拿来一个大纸盒子,打开盒盖,里面是一套绣着金线的绿色礼服,一顶高高的上面饰着白色羽毛的三角帽,还有一把精致的佩剑。

他告诉爱因斯坦,这套正规的礼服,必须在向皇帝陛下宣誓的日子穿着,必须在官方的正式节日穿着,必须……

爱因斯坦咧着嘴笑了,三十多年来,他从来没有在衣服上费过那么多心思。

"您好!爱因斯坦教授。"第一天走进办公室,实验物理学教授就热情地迎上来,与他握手说,"我是安东尼·莱恩伯。"

"您好!安东尼教授,认识您非常高兴。"爱因斯坦回礼说。

安东尼很热情地告诉他,学校有个不成文的规矩,就是新来的教授必须去所有的教授家里拜访,一共有48位。

"这是好事情,教授。"安东尼递上一份做了记号的城市地图说,"要知道,布拉格是世界上最美丽的城市,特别是春天,去观光吧。"

的确,市中心莫尔道河在流淌,两旁耸立着哥特式教堂的尖顶,到处是历史古迹,怡人的风景激发了爱因斯坦的好兴致,冲淡了刚来时候的不愉快。经过城里的犹太人区时,爱因斯坦停了一

◎哥特式建筑:哥特人,是日耳曼民族的一支,他们的建筑样式被称为哥特式,12世纪至16世纪流行于西欧,以尖拱、拱顶、细长柱等为特点。

下，信步走去，发现著名的犹太人公墓就在这儿。爱因斯坦凭吊着古老的墓石，原来并不浓厚的犹太人情结，突然变得厚重起来。犹太民族，一个苦难的伟大的民族！

当他在布拉格老街区散步的时候，明显地感受到周围投来的敌视目光。这里的习俗、服饰以及商店留声机放出的音乐，都说明这里是捷克民族区域。

街头的年轻人在跳捷克民间舞蹈，可是那些歌词是诅咒德意志人的。爱因斯坦深深地叹了一口气，他为深重的民族矛盾感到悲哀。

"爱因斯坦教授，这是历史的遗憾，您得忍受。"安东尼教授听了他的感受说，"就是寄信，您也得买德文明信片，从德国人的邮局寄。"

爱因斯坦在布拉格大学除教学外，也从事研究工作。所以他第一次给学生上课时就说明："我必须把最新的物理学观点告诉你们，如果你们有什么问题，随时来找我，因为你们是下一代的物理学家。"

但是，爱因斯坦的心情并不舒畅。民族之间的矛盾、犹太人压抑的生活环境，都让他感到除科学研究外还存在着另一种人生。学术界当然也不是至清至纯的，在教授们之间，也渗透着一种历史遗留下来的冷漠和隔阂。

教梵文的林德尼克老教授是一位人权和平主义者，学识相当广博。爱因斯坦和他交谈时常常获得一种启迪，明白学界并非是一块圣地。所以，闲暇的时候爱因斯坦就到林德尼克教授的家里去，高兴的时候，他就拉起小提琴，由当音乐老师的林德尼克教授的妹妹弹钢琴伴奏。

这是爱因斯坦最能够抛弃一切烦恼的时候。

1911年10月，爱因斯坦和赫泽那尔教授应世界索尔维科学大会的邀请，代表布拉格大学出席。

爱因斯坦没有想到，会有这么多世界科学界的巨头汇聚在古老的布鲁塞尔城。

代表德国的是热力学权威伦斯特教授和爱因斯坦的老朋友普朗克教授；法国来的是数学大师彭卡雷教授和电磁学权威朗吉邦教授；英国派出了剑桥大学的顶尖教授拉泽福；而波兰来的，是名闻天下的居里夫人。

尊敬的老朋友洛伦兹教授则是索尔维大会的主席。

抵达布鲁塞尔的当晚，爱因斯坦和洛伦兹教授就见面了。

"我感到很遗憾，爱因斯坦博士，"洛伦兹教授说，"你终究选择了布拉格大学。"

"很抱歉，洛伦兹先生。"爱因斯坦不好意思地说，"没去莱顿大学有一个难以启齿的原因，没能免俗，请谅解。"

"我理解，爱因斯坦博士。"洛伦兹教授镜片后那双睿智的眼睛，停留在爱因斯坦脸上。

爱因斯坦在大会上宣读的关于重力论的论文是本届大会上最引起轰动、最具有指导意义的论文。

"伦斯特教授，请注意爱因斯坦博士的理论。"在爱因斯坦走上讲台的时候，普朗克教授低声对旁边的伦斯特教授说。

"……我讲完了，谢谢各位！"爱因斯坦话音一落，全

场掌声雷动。

"名不虚传，普朗克教授。"伦斯特教授兴奋地说，"爱因斯坦博士将是我们的第一人选。"

"各位学者，我们都听见了，爱因斯坦博士的理论将解决经典物理学上许多未能解释、未能深入研究的问题。"洛伦兹教授说，"我要特别说明的是，爱因斯坦博士是没有任何指导老师的，他的理论完全是在艰苦自学中探索出来的，这是难能可贵的。我也要顺便说明一个事实，爱因斯坦博士在他任教的联邦工业大学档案中，仅仅是刚聘用的一名副教授。"

台下一阵喧哗，有交头接耳的，有愤愤不平的，也有趁机力邀爱因斯坦去任教的。

❋ 防不胜防的"别有用心" ❋

一年的讲学期满了，布拉格大学多次和爱因斯坦接触，想挽留他。许多教授和学生也希望他继续任教。但是爱因斯坦说他和苏黎世瑞士联邦工业大学的聘用合同还没有到期，况且夫人米列娃早就先期回瑞士了。

在爱因斯坦准备起程的时候，有一封私人信件从法国送到了瑞士联邦工业大学校长的办公桌上。这封信是由彭卡雷教授和居里夫人联合署名的。信首第一行就写着："贵校副教授阿尔伯特·爱因斯坦先生，是我们所认识的最具有创造才能的学者……"

同时，无孔不入的记者也把这个消息发在了各地报纸的头版头条上，并且含沙射影地指出，一个世界级杰出的天才遭到校方的压制，这是执政党教育政策的失败云云。

瑞士联邦工业大学的高层人物和社会民主党身份的苏黎世州州长急得每天碰头，因为很快就要竞选了，绝不能在这个问题上让竞选对手抓住把柄。最后，他们决定以特例名义改聘爱因斯坦副教授为正教授，而且要举行特别隆重的聘任仪式。

这一切都是悄悄进行的，从政客们的角度讲，只有爆炸性的新闻才能给对手强劲的一击。

米列娃对充满矛盾斗争的布拉格城很厌恶，认为安逸美丽的苏黎世才是最适合居住的地方，所以她不停地写信，催促丈夫早归。

爱因斯坦早就习惯了由妻子替他安排一切，又惦记着儿子汉斯和爱德华。所以他与朋友们道别后，就匆匆返回苏黎世，走得忙乱，有些该办的手续也没办。

"阿尔伯特，"米列娃说，"这些日子，关于你的新闻已经是报纸的头条了。"

"是啊，我正在看我自己的新闻。"爱因斯坦边看报纸边说，"其实，我和居里夫人也聊起过，给不给什么头衔不重要，重要的是要给物理学家一间真正的物理实验室。对这些舆论，不知道学校会作出什么反应？"

"玛丽克，我只管做自己的事情，他们想怎么做，我不愿多理会。"爱因斯坦说，"眼下有一篇光子论文要修改，这才是我该做的全部。"

突然学校派人来通知，请爱因斯坦先生下午去参加他最讨厌的校务扩大会议，爱因斯坦耸耸肩，冲米列娃伸伸舌头。

这次校务会很怪，来了许多记者，他们一见爱因斯坦就蜂拥而上，镁光灯闪得爱因斯坦满头是汗。爱因斯坦很不习惯这种场面，低头找了个角落坐下。

亚德勒和格罗斯曼教授挤过来，挡住记者。康莱纳教授俯身在爱因斯坦耳边说："博士先生，请注意，今天好像有戏。"

"女士们、先生们，本次校务扩大会议只有一个内容——"校长先生昂首宣布道，"本校决定，聘任在学术研究上做出杰出贡献的、在物理学科教学上做出巨大贡献的、在为人师表操守上做出模范榜样的、我们亲爱的阿尔伯特·爱因斯坦先生，为我校理论物理学教授！"

会场里响起一片掌声，记者们更起劲了，朋友们纷纷向他祝贺。爱因斯坦向台上走去，心里很疑惑，聘任和解聘的事情很普通，今天为什么这么张扬？

当爱因斯坦从校长手中接过羊皮面的聘书时，会议司仪突然喊道："现在，为爱因斯坦教授就职——"

几个人拥上来，七手八脚地给猝不及防的爱因斯坦套上大礼服：镶着金边的上衣和裤子，腰上佩有短剑，再披上厚呢大氅，戴上平顶博士方帽。

教授变成了不伦不类的"将军"。镁光灯闪成一片，明天肯定是报纸头版头条，大号标题是"爱因斯坦教授就任正衔典礼"，并且配发上令人感到滑稽的照片。

爱因斯坦被人簇拥着走出会议室，挣扎着脱去大礼服。

"闹剧！闹剧！"爱因斯坦无奈地说。后来，他的薪水是涨了，但第一个月就扣除了半套大礼服的价钱。

朋友们送他回到家，一封来自布拉格的厚厚的信已经在等着他了。

里面是一沓当地报纸和梵文教授林德尼克老先生的一张便条："爱因斯坦教授，请阅读一下这些报纸吧，别生气，这就是我们谈起过的话题。没有民主，媒体就是谣言的载体。林德尼克亲笔"。

爱因斯坦打开报纸，一看就傻眼了。报纸的通栏大标题是"快讯！快讯！爱因斯坦教授被赶出布拉格！""黑幕曝光：爱因斯坦博士是犹太教徒！""一问当局：犹太教授何以因种族原因离开？""花边新闻：钢琴女教师失去情爱"……

"手纸不如！"格罗斯曼有些气愤，看着老朋友把自己埋在沙发里不语，便说，"阿尔伯特，振作起来！记者们就喜欢腥气。"

"媒体是政客操纵的，没见到今天这场闹剧的记者们多起劲？"亚德勒说，"阿尔伯特一出名，就是记者们眼里的新鲜汉堡包。嗨，不必难受，以后这些事情多着呢！"

"难受？"爱因斯坦一脸茫然，如梦初醒似地看看大家说，"我在想我的光化当量定律。走，我们上楼去谈。"

当有人竭力想把爱因斯坦变成自己的政治筹码时，爱因斯坦却向全世界交出了又一篇论文《关于光化当量定律的问题》。

奔赴普鲁士皇家科学院

　　1913年夏天，两位年过半百、德高望重的权威学者风尘仆仆地从柏林来到苏黎世。这两个学者一个是普朗克，另一个是伦斯特。

　　这两个大学者来苏黎世干什么？观光？旅游？都不是，他们是带着德意志的使命来拜访爱因斯坦的。

　　当时的德国，专门的国家科学机构或由政府倡议私人投资建立的科学机构不断涌现。在这些机构中，理论研究也受到执政者的高度重视。为了从英国那里夺取科技和工业发展的优势，以"铁腕政策"重新划分市场、原料产地、投资场所，日耳曼帝国特别希望使理论思维的实力集中在扩张工业和军事竞争上。

　　金融寡头热心支持日耳曼皇帝的计划，宣布建立协会和研究所，并以受过加冕礼的倡议者的名字来命名。"威廉皇家协会"便是由银行家和工业家们组成的，他们对研究所提供赞助，给他们中的每一个人授予元老称号，赠送特质的长袍，授予任意参加有皇帝出席的隆重午宴的权利。在德意志狭隘民族主义甚嚣尘上的当时，有谁会反对这种做法呢？威廉皇家协会准备吸收最优秀的科学家们参加，他们可以获得比较优厚的酬劳，没有教学任务，有权进行任何个人感兴趣的研究。设想这些研究将会带来累累硕果不是没有根据的。

　　挑选学者的工作就由普朗克和伦斯特负责。他们联名向

上司报告：只有把爱因斯坦请来，柏林才能成为世界上绝无仅有的物理学研究中心。

伦斯特教授看他心有旁骛，有点着急地说："更重要的是，爱因斯坦先生，有个至高无上的荣誉等着你，你将会成为普鲁士皇家学会的会员！每个获得此学会会员资格的人，都会欣喜若狂。"

"不会吧，为个头衔，何必欣喜若狂呢？"爱因斯坦站了起来。

"你得表明你的态度，爱因斯坦先生。"普朗克教授满怀希望地说。

"如果我不想放弃瑞士国籍呢？"爱因斯坦说得有些困难，"普朗克先生，你知道，在慕尼黑，连学校也变成了军营。德国崇尚武力，军备扩张……"

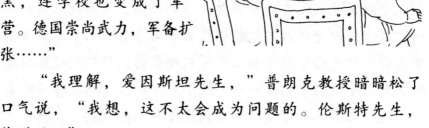

"我理解，爱因斯坦先生，"普朗克教授暗暗松了口气说，"我想，这不太会成为问题的。伦斯特先生，你说呢？"

"我想也是。"伦斯特教授说，心里却想，爱因斯坦不提个人待遇，而是把信念作为首要的条件，实在是令人钦佩。

"为了强大的物理实验室，为了优越的研究条件，我接

受你们的加盟邀请。"爱因斯坦认真地说完这句话，长长地吁了口气。

这两位教授带着使命来访后，爱因斯坦意外地接到居里夫人的邀请，请他带上家人，一起去著名的安卡丁努山谷旅行。

不施粉黛、终年穿一身黑裙子的居里夫人，带着两个女儿。从来不修边幅、不结领带、习惯光脚套皮鞋的爱因斯坦，带着爱德华。

这两位旷世奇才，在安卡丁努山谷相遇了。

居里夫人是当时世界上少数几个听得懂相对论的人之一。在三个孩子玩得兴高采烈的时候，两位科学巨人的谈话还是离不开科学研究。遇到知己，爱因斯坦把柏林方面邀请的事情和自己的想法全都告诉了居里夫人。

"爱因斯坦先生，我不反对您的主意。但是，"居里夫人说，"德国的局势总让人担忧，几年来军事扩张的意图，让周边国家感到不安，您要注意自己的安全。"

"是的，夫人。"爱因斯坦回答道，"我对德国没有好感的原因也在这儿。不过如果发生了战争，我这个厌恶枪炮的人，一定是反战人士，哪怕失去性命！"

"如果真有那么一天，我们就一起声讨战争贩子吧。"居里夫人认真地说，"何必非要牺牲？您可以来波兰，可以到英联邦，甚至去美利坚。"

"谢谢，夫人！"

爱因斯坦并不急于去柏林，他也不张扬，甚至对妻子米列娃也没有多说什么。因为他刚一开口，米列娃就顶了上

来："阿尔伯特，你想想你在干些什么！瑞士是个有名的和平国家，苏黎世又多么适合我们居住。"

"玛丽克，我并不喜欢柏林，不喜欢！"爱因斯坦不理睬妻子的激愤，但是理由是要说清楚的，"我觉得我的研究远远没有终点，而皇家物理研究所正是我所向往的环境。人只有献身于社会，才能让短暂的生命实现最深远的意义。"

"阿尔伯特，生命也该包括生活吧？"米列娃说，"你对这个家有多大的贡献？汉斯和爱德华，你又关心过多少？"

"我承认，都承认。"爱因斯坦说，"我更承认，我的研究工作中的确有你很大的支撑力在起作用。你就好像是阿基米德的撬棒，撬动我，又撬动了物理学。"

"说这些话有用吗？"米列娃哽咽起来，"你尽到了丈夫的职责吗？没有！你连你自己都照顾不好！在外面，谁都会把你看成是一个难民。但是你想过我吗？我的学术事业呢？我的学科发展呢？"

"玛丽克，我们不应该再吵下去，听我说……"爱因斯坦突然听见门铃响，就跑去开门，他知道格罗斯曼来了。格罗斯曼一辈子都是很守时的，一分钟不差。

两位教授肩并肩走上楼，讨论他们的课题去了。米列娃心里涌上一股说不出的难受，本来，他们是同一个班的高材生啊。

"又拌嘴啦？"格罗斯曼说，"做女人太不容易了。阿尔伯特，你得向我学，就像学数学一样，懂吗？"

"许多年了，我们常常这样，有战有和的。"爱因斯坦叹了口气说，"大概是从小汉斯出生那年开始的吧。"

"这里有个女权主义的问题，阿尔伯特。"格罗斯曼说，"女人不能让家庭束缚，这是人文科学命题。可是我们是搞自然科学的人，往往容易败下阵来。"

"我认定的道路，我就要一直走下去。"爱因斯坦说，"来吧，我们开始吧。"

一转眼，半年过去了，普朗克和伦斯特方面没有进一步的消息，爱因斯坦也没有放在心上，只顾和格罗斯曼废寝忘食地钻研课题。

终于，一个东方微曦的寒冷的早晨，一沓整齐的论文手稿出来了。爱因斯坦从酒柜里取出一瓶香槟打开，倒满两只高脚玻璃杯，两人端起来，轻轻说一声："干杯！"

这就是两位老朋友合著的著名论文《广义相对论纲要和引力理论》。

阴霾笼罩家庭

爱因斯坦把手稿交给校刊主编，刚回到教研室，校长急匆匆赶来，亲手交给爱因斯坦一个公函。

"您是第一个，爱因斯坦教授，您是我们学校的第一个！"校长有点兴奋，说话也喘着气，"各位教授，向爱因斯坦院士祝贺吧，德国普鲁士皇家科学院院士！上帝啊！"

对学者来说，这是个至高无上的荣誉。许多人围着爱因斯坦祝贺，人们来了一拨又一拨。爱因斯坦双手扯着衣领

说："各位各位，对不起，昨天晚上，为了广义相对论，我和格罗斯曼一个通宵没睡。各位各位，请让一下……"

"爱因斯坦院士，因为邮路问题，公函来迟了。"校长赶紧拦住他说，"明天就要举行授衔典礼，时间来不及了，您坐我的车去吧。"

1913年12月7日，阿尔伯特·爱因斯坦教授在柏林接受了德国普鲁士皇家科学院院士称号。这年他34岁，是德国有史以来最年轻的院士。

授衔仪式是在金碧辉煌的皇宫大厅里举行的，除了院士学者们，还有许多皇亲国戚莅临。唯一身着黑色皮外套，不系领带，不穿袜子而且留长发的人，就是爱因斯坦院士，所以格外引人注目。当套上了绣着金色花边宽袍大袖的院士服时，爱因斯坦甚至显得有些滑稽。

不知哪位皇族成员出的主意，科学院院长和柏林市市长一起请爱因斯坦院士发言，这是临时增加的仪式。在这样权贵显要聚集的场合，要说一番没准备过的讲话，是很让人担心的。

爱因斯坦沉吟了一会儿，居然大步走到讲台上，在掌声中要了一块黑板。就像在学校里上课一样，他把他和格罗斯曼刚刚完成的论文稿，一字不漏地解说了一遍，包括黑板上那些复杂神奇的公式。

会场上的人都很兴奋，并不是大家都听懂了，而是爱因斯坦手拿教鞭的风采和流利且变幻莫测的解说让人们觉得好像是在看魔术高手的表演。

在德国的土地上，科学院首脑、柏林大学校长，包括普朗克和伦斯特教授，就爱因斯坦工作的问题和他进行了一次长谈。

爱因斯坦在他们的陪同下参观了整个皇家科学院，他为这里齐全豪华的设施而惊叹。他也会见了许多世界一流的教授和学者，用他的话说，"全都是最优秀的同行"。对于德国方面开出的极其丰厚的所长待遇，爱因斯坦笑了笑说："我需要什么？一张床、一张书桌、几片面包和一杯牛奶。"

为了工作，爱因斯坦决定听从朋友们的劝说，从苏黎世迁居柏林。回到瑞士后，他把这个打算告诉了妻子米列娃。没想到米列娃的反应很强烈。她说："阿尔伯特，我已经把苏黎世当成第二故乡，我和孩子哪儿也不去。"米列娃说，"等你和柏林方面的合同一到期，你就回来。"

"不！不行，"爱因斯坦说，"我们，包括你和孩子，都要迁居柏林，我要在那里静下心来搞研究。"

"你，你这么大的事，事先也不同我们商量？"米列娃火了，"阿尔伯特，虽然你已经是个国际性的人物了，但是你的家还是在这里！在苏黎世！在我和你的孩子们身边！你应该清楚！"

"柏林是个大都市，而且我的故国是德国！尽管我并不喜欢德国的当权者，不喜欢现行的政策，但是我从小是在那片国土上生活的。"爱因斯坦耐心地劝说道，"米列娃，我们去吧！"

"阿尔伯特，贫困清淡的日子，我们都一起走过来了，尽管你我并不和谐。"米列娃神色黯然地说，"可是现在日子好过了，我们的矛盾反而多了，你没感觉到吗？这都是因

为你总是不安分！总是要标新立异！而且从不把这个家放在心上！"

"我觉得穷日子、富日子过得没什么两样，"爱因斯坦搔搔脑袋说，"标新立异有什么不好？标新立异就是相对运动，就是发展。只有运动了，发展了，生命的存在才有价值，才有意义……"

"我受够了！阿尔伯特，我们分开过吧！"米列娃激愤地说，"我和汉斯、爱德华会生活得很好的。"

"乱了乱了，米列娃！"爱因斯坦脱口而出，"你大概已经是女权主义者了吧？"

爱因斯坦突然说不下去了，因为他不知说什么好了。1914年4月6日，爱因斯坦孤零零一个人抵达德国柏林。走出火车站，爱因斯坦留意观察着这个国际化的大都市。一条纵贯市区的大道，道旁种着整齐的菩提树，这就是闻名遐迩的菩提大道。它的西头，是著名的布兰登堡，东头，就是上次接受院士荣誉的德国皇宫，雄心勃勃的威廉二世皇帝的居住地。

这是个缺少厚重文化积淀的城市。爱因斯坦在心里梳理着自己对柏林的印象。除了现代化的高楼大厦外，它没有中世纪的城堡，没有悠久历史的青石砌就的街道，更别说那让人怀念的古迹了。

爱因斯坦很快投入了工作，熟悉了皇家科学院和物理研究所的一切。现在他的忙碌，还含有另一层意思，就是可以暂时摆脱来自家庭的烦恼。

空闲的时候，爱因斯坦不愿一个人待在位于哈勃兰特街

5号宽敞的公寓里，他太寂寞了。所以他经常一个人沿着很有特色的菩提大道散步，并且在路边咖啡吧喝上一杯。

尽管他在这里有很多朋友、同事和老同学，任何人都欢迎他去做客。但是，他最爱去的地方是一个富有的亲戚家里。

因为小时候常在一起玩耍的意大利表妹伊丽莎居住在那里。伊丽莎已经是个贵妇人了。她身材高挑，头发时尚地向后梳，露出饱满光洁的额头。当她美丽的蓝眼睛扑闪着，顾盼自若之间，整个客厅就会辉煌起来。她有两个女儿，因为丈夫亡故，她就回到了娘家。

每次和伊丽莎在一起，爱因斯坦的心境就特别舒畅，他索性把小提琴也带到这里来。当他演奏起贝多芬的《月光奏鸣曲》的时候，伊丽莎就一只手托着脸颊，专心地谛听着。

"旋律并不激昂，可是充满了对生命美好的渴望，阿尔伯特，是吗？"

"是的，伊丽莎。"爱因斯坦说，"这是大师贝多芬失聪后的作品。"

"他是音乐圣者。阿尔伯特，你也是圣者，科学圣者。"

皇家科学院和柏林大学的学术研究是自由开放式的，这种环境很能激发出灵感。

例行的是每个礼拜都有一天让各学科联席研究讨论学术。本来这是学科交叉互助的好机会，可是这些权威学者们都很有城府，从来不争论，即便对其他学科有异议，也不会指出来，更不用说会去讨教什么。但是有时候聊一个行政性的话题，比如说课题津贴提高到多少才是合理的问题，这些

大学者们居然会正襟危坐、引经据典地讨论上一天。

爱因斯坦和大家都不一样。他不仅会认真地和别人争论学术上的问题，也会很虚心地向别人求教。每次开会只要有他在，场面马上就会热闹起来。

当时科学院的莱登堡教授就说过，在柏林的科学家分为两大类：一类是爱因斯坦一个人；另一类是其他所有的科学家。

相对论的预言与成功

1915年11月25日，爱因斯坦第四次在科学院例会上报告了他的广义相对论的最终研究成果，他运用了引力理论解释了水星近日点的运动。

但这次的报告里整个推论过程十分混乱而复杂。1916年年底，爱因斯坦又写了一本尽量少用数学的书：《狭义与广义相对论浅说》。这本书适合于受过物理学和数学基本训练的读者。

后来德国天文学家史瓦西利用广义相对论研究了宇宙的星体，还得出了一个非常著名的结论。这让爱因斯坦非常高兴。爱因斯坦曾像教主一样预言说："任何人只要充分理解了广义相对论，就无法回避它的'魔力'。"

爱因斯坦瞬间成为公众偶像的原因很多，但直接的原因是通过对日全食的观测，证实了光线在太阳引力场中发生的弯曲。

一直到1919年5月，两支英国远征队才获得第一批有用的照片。而这一重要的观察成就很大程度上归功于爱丁顿。

　　爱丁顿经过反复计算、核对，排除一切误差、干扰，最后他完全有把握了：日全食的观测，精确地证实了爱因斯坦的广义相对论。

　　可是就在爱因斯坦迁居柏林四个月后，第一次世界大战爆发了，人类陷入了一场浩劫之中。

　　一支以德国天文学家为主的日食科学考察队，正好跨过了俄国边境线，被俄罗斯军队当做间谍逮捕，关进了监狱，携带的仪器全部被砸碎。

　　爱因斯坦闻讯长叹一声，心事重重。他极为牵挂远在瑞士苏黎世的米列娃和孩子们。虽然瑞士是中立国，但是战火更如一头疯狂的野兽，肆意侵袭各个地方。现在邮政、电信、交通通通断了，家里的人生死未卜。

　　军火贩子大发战争横财，老百姓都勒紧了裤腰带。爱因斯坦看到了难民和饿殍，看到了断肢和鲜血，也看到了另一面的灯红酒绿，他的忧虑、愤怒没有地方发泄，就一头埋进广义相对论的研究里。

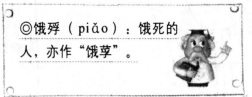

◎饿殍（piǎo）：饿死的人，亦作"饿莩"。

　　德国多年崇尚武力的恶果终于显现出来了，军事扩张的野心在媒体上堂而皇之地宣扬，同时在德国和欧洲的其他一些国家，掀起了一股反犹太人的浊流。

　　爱因斯坦忍不住了，他在各种场合公开宣称：我不是德国人，我是瑞士国民，我更是犹太人！

一些正义人士组织了反战团体"新祖国同盟"，他也毫不犹豫地加入进去。很快，军事政府宣布"新祖国同盟"为非法组织，大批成员被抓、被关、被杀，反战团体被迫转入了地下活动。

在军国主义分子的操纵下，德国文化界一些人炮制了颠倒黑白的《告文明世界书》，为德国的侵略行径辩护，鼓吹"真正的德国精神""德国利益高于一切"的论调。他们还煽动和威逼利诱德国科学界的一些名人在《告文明世界书》上签名表示支持。

这一天，三辆军用吉普车闯进了皇家科学院，在物理研究所门口停下，带马刺的皮靴踩脏了走廊里的地毯。

爱因斯坦正站在窗口。一群黑衣军人进来，其中一个挂少将军衔的人不客气地拉过所长的办公椅就坐下了。他从副官手中拿过一沓文件说："爱因斯坦院士，请阅读，请签名。"

爱因斯坦仍旧靠在宽大的窗台前。他不是失礼，而是脑子还沉浸在一大堆验算公式中，没有回过神来。现在突然面对一屋子的黑衣军人，有一种本能的排斥。

将军一努嘴，副官便把文件捧起来，双手呈送到爱因斯坦面前。爱因斯坦眯起眼睛，看到硬皮封面上是几个粗大的字——《告文明世界书》。他冷静地一页页翻过去，到最后的签字页，他匆匆地扫了一眼，非凡的记忆力让他马上数出一共有93个人。

爱因斯坦猛烈地咳嗽起来，其实是一种掩饰。因为他突然感到心疼胸闷，他尊敬的朋友普朗克、伦斯特、伦琴、奥

斯特瓦尔德……的名字，赫然在目！

爱因斯坦带着惨淡的笑容，礼貌地合上文件本，交还给副官。

将军说："可以了，院士先生，签字吧！"爱因斯坦沉默了一会，就像平时在课堂上那样，提一提裤子说："阁下，战争发生以后，再来宣扬自己无罪、别人有罪，已经毫无意义了。现在紧迫要做的是，在世界各国的监督下，交战各国立即停止战争，销毁武器，致力于恢复和平的工作。我认为，签这份公开信，毫无意义！"

黑衣将军听了，毫无表情地站起来，礼节性地向所长先生行了个举手礼，带着随从走了。因为在军机会议上，国防大臣曾经告诫过他："别指望可以威逼爱因斯坦院士！只要他被困在皇家科学院，就会不自觉地为我们军火工业服务。这是陛下的意思。"

爱因斯坦透过玻璃窗瞪大眼睛看着吉普车相继离去，伸了伸他的大舌头。

战争掠夺了巨大的社会资源，制成了杀人的武器，人民大众创造的财富枯竭了。军国主义分子沉浸在侵略的快意之中，国民的生活贫困不堪。物价飞涨，人们在忍饥挨饿中过日子。爱因斯坦只能每天到街头小铺子里买那些劣质的粗制面包充饥，明显营养不良。伊丽莎知道了，就把表哥请到家里就餐。她家毕竟是有钱人家，还能支撑一阵子。爱因斯坦总算缓过劲来。

磨难遇知音

◆ 危难降临
◆ 冷静面对如日中天的辉煌
◆ 捍卫和平的使者
◆ 相依为命的伴侣

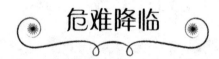

危难降临

一个寒冷冬天的早晨，爱因斯坦在物理研究所门外碰到了课题助手德哈斯教授。德哈斯教授很兴奋地说："所长先生，我证明了，您发现的那个转动磁效应理论上成立！"

"嗨！对了，我们得去干一杯庆祝一下。"爱因斯坦开心地说。要知道，这是在战争状态下的第一个成果。

"教授，"两个人紧紧地拥抱在一起时，德哈斯趁机在爱因斯坦耳边低声说，"我注意几天了，您的身后常常有'黑狗'在监视您，请留意！"

"黑狗"就是指那些穿黑大衣、戴黑礼帽的特务人员。爱因斯坦一愣，也低声说："对我这种听见枪声都紧张的人也要跟踪，这些家伙的日子也长不了了。谢谢，德哈斯！"

一天凌晨，伊丽莎被外面的几声枪响惊醒。她披上披肩，悄悄走到窗口，掀起厚绒帘子的一角向街上看去。天色黑沉沉的，但是在昏黄的美孚路灯光下，有个人躺在地上挣扎了几下不动了。几个提着枪的"黑狗"赶上来，踢了他几脚，然后上了不远处的一辆汽车，走了。

街上又恢复了死一般的寂静。

"太太，要一杯威士忌吗？"那个波兰籍的老女佣不知什么时候靠在门边问，"这条道太冷僻，唉，已经是第三个了……"

伊丽莎摇摇头，颓唐地在沙发上坐下，她担心的是爱因

斯坦。

天刚亮，伊丽莎就赶到哈勃兰特街，用钥匙开了门进去。爱因斯坦还在卧室里熟睡。她轻轻退了出来，走进了书房。书桌上一个粗牛皮纸袋引起了她的注意。伊丽莎抽出里面的文本一看，封面上印着《告欧洲人民书》，落款是被军政府取缔了的组织"新祖国同盟"。

伊丽莎急速翻到后面的签字页，熟悉的阿尔伯特·爱因斯坦的签名也在上面！

伊丽莎想了想，仍旧把牛皮纸袋照原样放好，因为爱因斯坦不喜欢别人随意翻动他的东西。伊丽莎做好甜玉米羹（gēng）和粗麦饼，爱因斯坦起床了。用早餐的时候，伊丽莎说："去我那儿住吧，阿尔伯特。"

爱因斯坦用奇怪的眼神看着她，没做声。伊丽莎吞吞吐吐地说："近来我常常心悸，感到忧郁，你来的话，我的心情大概会舒畅些……"

爱因斯坦掏出怀表看看，穿上黑色外套准备上班。他把那个牛皮纸袋夹在腋下，走到门口说："伊丽莎，我明白，可是我哪儿也不想去！"

伊丽莎看到他腋下的纸袋有点慌神："哦，今天我有点事，我们一块儿走吧。"

一路上，伊丽莎神经质地注意那些穿黑大衣、戴黑礼帽的人，好像爱因斯坦挟着一颗定时炸弹　快到皇家科学院门口时，伊丽莎要拐向另一条道了，她突然发现爱因斯坦腋下的牛皮纸袋不见了，她吃惊地叫起来："啊……"

爱因斯坦神色依旧地看看她，若无其事地向科学院大门

走去。

为了保护爱因斯坦，皇家科学院一些有良知的官员以爱因斯坦不是本国国民为由，设法让他出国讲学，甚至集体向军政府担保，让他到远离战火的南美洲阿根廷讲学，而且讲学期居然安排了三个月。阿根廷人热情地接待了爱因斯坦，讲学的环境条件非常好。可是爱因斯坦顾不上领略异国风情，把余暇时间都放在课题研究上了。

从阿根廷回柏林后，国内的形势仍然让爱因斯坦感到压抑。螺旋涡流式双翼飞机的噪声，照旧搅得城市不得安宁；各地报纸还在争相用大篇幅版面鼓吹攻陷松姆、占领纳缪尔的战绩；爱因斯坦只能把自己关在书房里，整理好手稿，在很短的时间里完成了一份总结性的论文《广义相对论的基础》。

这篇论文注重实例，成功地解释了水星近日点的一系列活动，和历来人类天文观察得来的数据完全吻合。而且肯定地指出，经过一系列计算，星球上发出的微光到达地球，光曲折的角度是1.74秒！他确信相对论已经成为系统的理论。

5月，爱因斯坦提出了宇宙空间有限无界的假说。

8月，《关于辐射的量子理论》完稿，在论文中，他首次提出了"受激辐射理论"的概念。

9月，他首次进行引力波探讨的论文《关于引力波》完稿。

11月，他写出《狭义和广义相对论浅说》。

第二年2月，他著述的第一篇关于宇宙学的论文，引入宇宙……拼命的结果是爱因斯坦病倒了。

皇家医院的医生一诊断就说要马上住院，因为爱因斯坦得了多种病：黄疸性肝炎、胃溃疡和精神虚弱症。

爱因斯坦苦苦地恳求医生，希望能在家中治疗。他说了许多理由：这些病是因为条件艰苦、营养不良造成的。只要多休息，吃得好一点，再加上些医药治疗，病很快就会好起来。毕竟家里舒适。

伊丽莎住在隔壁，她在爱因斯坦床头的茶几上放了一只按铃，只要他一伸手，她就会及时地出现在他面前。一起生活了，伊丽莎才发现表哥实在像个孩子。外套只有那件终年不离身的黑色皮衣，因为不上油，衣角已经磨得发白了。内衣只有两三套，衬衣领子的污垢从未洗干净过，好在都是深色的。他没有几双袜子，袜底全是有洞的。听说他在上课时，学生老是说他光脚穿皮鞋，走起路来吱嘎吱嘎地响。

1918年11月，第一次世界大战在各国人民的顽强抵抗中，以德国军国主义政府失败投降而告终。

当人们的眼光转向战后恢复建设时，突然发现，爱因斯坦在战争期间已经完成了广义相对论的全部论述，成为一代科学伟人。

爱因斯坦发表了第二篇关于引力波的论著，里面包括了相对论的四级公式，并且自信地向全世界宣称："如果有人怀疑我的理论，我希望他在日食的时候去观察天体，便可以发现太阳周围的星体已经改变了自己的位置。"

其实，在战前爱因斯坦已经在学术报告中作出了这样的预言。虽然战车无情地碾碎了一切，但是英国人没有忘记。在炮声中，由皇家天文学会和皇家学会联合成立了天文观测

筹备委员会，会长是有名的天文学家埃丁顿爵士。

正在有心人为3月19日的日食考察积极准备，并且对爱因斯坦的相对论理论一较真假的时候，爱因斯坦回瑞士苏黎世去了。因为母校苏黎世联邦工业大学请他去讲学，更为重要的，这是他战乱后第一次回家。

战争阻隔了4年，爱因斯坦和夫人米列娃之间好像建起了一堵无形的高墙。

爱因斯坦回到家没有感到久别重逢的喜悦。尽管妻子把房间布置得很舒适，两个已经长得比父亲还要高的儿子也被教育得很好，但爱因斯坦总觉得米列娃热忱的笑容，是为一位尊敬的客人而准备的。

爱因斯坦有着深深的内疚，因为他对这个家没有负起做丈夫和父亲的责任，米列娃有权将自己封闭在热情的外壳里。

讲学期快满了，这对理智型的学者夫妇，没有争吵，没有指责，都很冷静地告诉对方，一切都过去了，只剩下美好的回忆，只有分手才是最好的结果。他们很快地办理了离婚手续。

伊丽莎以女人特有的细心，发现表哥回柏林后常常在沉思中走神。这在以前是根本不可能发生的事。她马上敏感地察觉到，表哥在苏黎世的家有了变故。

伊丽莎以更炽烈的温存，抚慰着表哥那颗受伤的心。这一切并不需要表白，因为他们是从小一起长大的。

这年的初夏，穿着洁白婚纱的伊丽莎在教堂里，让表哥阿尔伯特给她戴上了婚戒。

冷静面对如日中天的辉煌

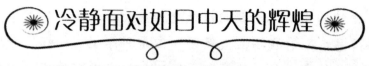

1919年11月6日，在英国伦敦召开了皇家学会和天文学会的联席会议。会场的布置非常庄重，许多著名的学者、教授、博士激动地走进会场。会场正中、讲台后面，是牛顿的巨幅画像，牛顿若有所思地望着会场。从1672年牛顿被接纳为皇家学会会员，1703年当选为皇家学会会长，已经两百多年了。两百多年来，牛顿是科学界绝对的权威，是可望而不可及的泰斗。他建立的完整而又严格的物理学大厦，终于受到了强有力的挑战。

皇家学会会长汤姆逊主持会议，他说："这是自从牛顿时代以来所得到的关于万有引力理论的最重大的成果，它与爱因斯坦密切相关，应当在皇家学会的会议上宣布……爱因斯坦的相对论是人类思想最伟大的成就之一。"

汤姆逊教授在1897年宣布发现了电子，他的发现是卓越的。今天，他站在庄严的讲台上，真诚地称赞了爱因斯坦的贡献。他谈到相对论的时候说："这不是发现了一个孤立的小岛，而是发现了科学思想的新大陆。"

在会议上，宣读了在非洲和拉丁美洲两个日食观测队的观测结果，在巴西测得光线偏折1.98秒，普林西比岛测得的结果是1.61秒，两者的平均值为1.79秒。而爱因斯坦预测值为1.75秒，误差仅为2.28%。

会议厅里静极了。物理学的一个新的时代诞生了，爱

89

爱因斯坦

AI YIN SI TAN

因斯坦获得了科学界的公认，同时也得到了全世界人们的公认。

柏林的报纸比伦敦的报纸更为热烈，许多人掩饰不住内心的得意。别看战场上失败了，但是科学上——嘿！爱因斯坦博士是德意志科学院的院士！他们把爱因斯坦捧上了天，有的人翻出了很久以前的轶闻，说明爱因斯坦从来就与众不同，有的干脆就说爱因斯坦是活在人世间的圣人。《柏林画报》的封面上是爱因斯坦的画像，解说词是："世界历史的新伟人，阿尔伯特·爱因斯坦，他的研究是对我们自然概念彻底的革命，他的研究、能力可以与哥白尼、开普勒和牛顿相提并论。"

巴黎、布鲁塞尔、阿姆斯特丹、苏黎世、莫斯科、纽约……全世界都轰动了。

爱因斯坦在一片欢呼声中十分冷静。当然，他是喜悦的，他多年的心血得到了证明，被世人所公认。他对来访的人说："我从来没有想过会是另外一种结果。"他抚摸着寄来的照片，赞赏着摄影师和观测队员，"出色极了，好极了！"

爱因斯坦充满温馨，写信把这个成果告诉了自己的母亲。母亲不禁为爱子的成果感到高兴，但是她已经身患绝症。

每天早晨还没有出门，就有几个新闻记者等在外面，有的摆好了架势准备拍照，有的拿着小本子准备记录。爱因斯坦走到哪里，记者们就锲而不舍地跟到哪里，他们苦苦地央求着："教授，请您发表评论……"

"博士，您的话将大受欢迎……"

"先生，只给我们的报纸说一句话，一句话就行……"

此外，还有画家、雕塑家、摄影师："希望在百忙中留下您的身影。"

还有慈善机构："请您捐助……""请您可怜可怜那些苦命的……"

绅士、淑女的舞会、酒宴，淡黄色的、雪白的、烫金的、大红的，各色各样的请柬蜂拥而至。

爱因斯坦向朋友诉苦说："我从来不擅长说'不'，可是现在，报纸、杂志、信件不断地向我询问、邀请、要求，我每天晚上都梦见自己在地狱里被火焚烧。邮递员变成了魔鬼，对我大声喝斥，把成捆成捆的新的信件往我头上扔来，就因为我没有答复过去的信。"

当荣誉和喝彩排山倒海般地涌来的时候，坚持冷静、清醒的头脑是很不容易的，爱因斯坦继续争分夺秒地开展着科学研究。同时，他关心着时局的变化。对于真诚的老朋友，爱因斯坦继续回报以真诚。

苏黎世的物理学同行们给爱因斯坦寄来一首亲切的短诗："刹那间一切怀疑云消雾散，从遥远的星星发出的光线，真的有一点拐弯！啊！我们的阿尔伯特的功绩，万世流传！"

爱因斯坦笑着，搔搔头，给他们答复了一首诗："太阳妈妈给我们带来了温暖，她不喜欢有人自作聪明，多少年来静静隐藏着一个秘密，不久以前才高兴地向大家宣传。"

有人高声叫着："牛顿被推翻了！""牛顿完蛋了！"这些人有的是无知，有的是愚蠢，也有人是有其他目的。

1919年11月28日，爱因斯坦郑重地为《泰晤士报》写了一篇文章，感谢英国科学界的努力，简要而通俗地解释了相对论的基本内容，说明和牛顿的理论相比，相对论有了新的进展。下面写着："可是，人们不要以为牛顿伟大的工作真的能够被这一理论或者别的任何理论所代替，作为自然哲学领域里我们整个近代概念结构的基础，他伟大而明晰的观念，对于一切时代都将保持它独特的意义。"

捍卫和平的使者

爱因斯坦应法国科学界的邀请，去巴黎发表讲演。在车站上聚集的是几百个进步大学生，他们激动地等待着，准备以最热烈的方式欢迎伟大的科学家爱因斯坦。

组织这群大学生的，正是朗之万教授的儿子。糊里糊涂的警察局竟然把他们当成了捣乱分子，害得他们在寒风刺骨的车站白白等了一夜。

爱因斯坦在法国的讲演受到了群众的热烈欢迎，也受到了居里夫人亲切的接待。他同时也结识了居里夫人的女儿伊琳·居里和女婿约里奥。未曾想到，居里夫人以及她的女儿和女婿，后来都获得了诺贝尔奖。

临离开巴黎的时候，爱因斯坦谢绝了豪华的宴会，提出一个让主人十分意外的要求："我想看看战场的遗迹。"

诺尔德曼教授自告奋勇地陪同他去。他们乘汽车出了巴黎，越向前开，战争的痕迹越明显，到处是断壁残垣，村庄成为一片瓦砾，树木被烧焦，炮弹坑里积存着肮脏的雨水，带刺的铁丝网上生着斑斑的红锈。

爱因斯坦站住脚，停在一段战壕旁边，沉默着，他对同行的说："我希望每一个人都到这里看看，什么是战争。"他提高了声音说："空谈和平是没有用的，应该为和平事业切实地工作，应该为和平而斗争。"

有一个记者曾经问他："您为什么主张和平？请回答我，教授先生！"

"您问得好！先生，"爱因斯坦脸色严肃地说，"我主张和平，是一种直觉，是一种人的基本情感，因为杀害生命是一种卑劣行为。我的态度不是从理论来的，而是基于对人类残酷的憎恨心理深切的反感。也许，在某一天我会把这种反感理论化，但是这已经是次要的事情了。"

对真正需要帮助的朋友，爱因斯坦从不推辞；对于欧洲时局的变化，爱因斯坦时刻记挂在心怀。德国工人阶级优秀的革命领袖卡尔·李卜克内西和罗莎·卢森堡被反革命分子杀害了，爱因斯坦和卢森堡很熟，他们在"新祖国同盟"里一起工作过，他敬重这位热情而又纯朴的女性。得知她的死讯以后，他沉痛地说："这个女人的灵魂，对于现在这个世界是过于纯洁了。"

俄国十月革命以后，白军和外国干涉军挑起了战乱，俄罗斯笼罩着饥饿。甚至一个人一天的口粮定量仅仅200克面包。在这样艰苦的岁月里，许多科学家仍然坚持着神圣的科研工作。爱因斯坦怀着同情和敬意注视着他们。

在柏林，他会晤了费多罗夫斯基。费多罗夫斯基是受列宁派遣去柏林的，他是1904年加入布尔什维克党的老党员。

费多罗夫斯基告诉爱因斯坦："由于内战，国内遭到了严重破坏，到处都是瓦砾，少数能印刷的书都是用包装纸勉强印的，但是，苏维埃俄罗斯将出版您的相对论著作，用上等的白纸印刷，这种纸在我们那儿简直跟金子一样值钱！"

爱因斯坦说："请向列宁转达我的敬意，应该帮助俄国……应该帮助俄国来实现它伟大的社会实验。这个实验，对于全世界将会有决定性的意义。"

临走的时候，爱因斯坦交给客人一封信：

俄国同志们：

我从我的同志们那里得悉，俄国的同志们甚至在目前这样的条件下还在努力地从事科学工作。我完全认为，去迎接俄国同行是所有处于较好条件下的科学家们愉快而神圣的义务。为了重建国际间的联系，这些科学家们也将完成他们所能办到的一切。我衷心欢迎俄国同志们并且答应为建立和保持本地和俄国的科学工作者之间的联系做我所能做的一切。

阿·爱因斯坦。

一个有才华的青年——列奥尔德·英费尔德想进大学深造，许多大学因为他来自波兰而不予理睬，爱因斯坦却在家里接待了他。

英费尔德吞吞吐吐地请爱因斯坦帮他写一封介绍信给德国的教育部。

爱因斯坦说："我很高兴给您写一封信，不过，恐怕一点结果也没有。"

英费尔德不明白。

爱因斯坦苦笑了一声："因为，我写

的介绍信已经太多了，而他们都是反犹太人的。"

爱因斯坦在屋子里踱着步，沉思着，他说："您是学物理的，那么，也许可以好办一点。我写信给普朗克教授，他说话比我更有力量。就这么办吧。"

爱因斯坦迅速地写了一封信，交给英费尔德。

后来，英费尔德成为一位有成就的物理学家，在美国的时候，他多次拜访爱因斯坦。

并不是所有的人都相信科学，也并不是所有的人都尊敬爱因斯坦。在德国，有那么一些人自以为血统高贵，疯狂地仇恨犹太人。在政府、企业界、文化教育界、军队里，都有一批狂热的反犹主义者。他们看爱因斯坦刚直不阿，就把他当做攻击的对象。他们把第一次世界大战失败的责任推给犹太人，把战胜国强加给德国的《凡尔赛和约》的责任也强加给犹太人。他们又把战后德国物价飞涨、经济困难的责任推给了犹太人。他们在国内掀起了一波疯狂的反犹浪潮。

◎凡尔赛和约：是第一次世界大战后，战胜国（协约国）对战败国（同盟国）的和约。经过巴黎和会长达6个月的谈判后，交战双方于1919年6月28日在巴黎的凡尔赛宫签署条约，标志着第一次世界大战正式结束。《凡尔赛和约》的主要目的是惩罚和削弱德国。

1922年6月24日是周末，在格吕内瓦公园里，突然几声枪响打破了平静。德国外交部长瓦尔特·拉特瑙浑身是血，倒在汽车里。

反犹狂热分子公布了一份"应予杀死的犹太佬的名单"，

第一个是拉特瑙，第二个就是爱因斯坦。

朋友们劝爱因斯坦躲一躲，他却挺身而出，在报刊上写文章悼念拉特瑙。他说："高等学校应当无条件地对政治谋杀表示抗议，公开谴责这种卑鄙的罪行。"

更使爱因斯坦气愤的是一些科学家也参加了反犹活动，有的甚至还是卓有成就的科学家。

勒纳是最早研究阴极射线的物理学家，他对光电效应、原子结构都作过有意义的探讨，早在1905年就曾获得诺贝尔奖。这样的科学家绝不能说没有头脑。1909年，他曾经给爱因斯坦写信，说爱因斯坦是"深刻的、有深远影响的思想家"，以表示自己的钦佩之情。但是，后来勒纳是却成了仇视犹太人、反对相对论的急先锋。他带头攻击相对论，鼓吹建立"德意志物理学"、"雅利安物理学"。在会议上，勒纳和爱因斯坦面对面地进行过多次辩论，却从来没有占过上风。和勒纳观点一致的科学家组织了一个"德国自然科学研究小组"，有些人简直不是在进行辩论，而是人身攻击和谩骂。他们出版了《反对相对论百人集》，气势汹汹。爱因斯坦见到这本书以后，蔑视地一笑，说："如果相对论是错误的，只要一个人就可把它驳倒了，哪里用得着一百个人。"

相依为命的伴侣

1919年，爱因斯坦和表妹伊丽莎结了婚。

在生活中，伊丽莎有着敏锐的观察天赋，她天性善良，待人宽容。她愉快的笑声驱散了生活中许许多多的烦恼。每当这个时候，爱因斯坦也和她一起笑起来。

然而生活中也充满了恫吓和恐怖。一次，爱因斯坦夫妇收到了一封信："滚出德国吧，否则你将不能活命。"

警方向爱因斯坦发出警报，可能有纳粹党徒已经渗入到社会各个阶层，包括政府和警署里面。

有一天，有一个自称迪逊的女人，突然来到爱因斯坦家里，说是要见见教授。伊丽莎感到这女人形迹可疑，盘问之下她又支支吾吾，前言不搭后语，就赶紧打电话报警。

这个女人马上拔出一把利刃刺过来，高度警惕的伊丽莎一把抓住她的手腕与她扭打起来。辛亏警察及时赶到，制服了这个女杀手。

"阿尔伯特，你必须走，你必须走！"伊丽莎挥舞着被刺客刺伤的手，没有了往日雍容华贵的气度，向丈夫大喊大叫。

镁光灯一闪，这张照片和新闻被无缝不钻的记者登在了柏林所有报纸的头版上。

"你必须走！"这次是尴尬的政府和科学院上层提出来的。他们知道，爱因斯坦已经不仅仅是属于德意志，而是属于全人类的。一旦他遭遇不测，这可是个重大的国际政治问题了。

爱因斯坦在生活上非常随便马虎。他不爱穿袜子，说这样穿起鞋来更方便。

在巴黎，德国大使热心地挽留爱因斯坦住在大使馆里，结果，反而让主人和客人都感到很不习惯。

大使向别人诉说:"你知道吗?爱因斯坦博士随身只带了一双皮鞋,我的男仆只好每天给他擦几次鞋。"

而爱因斯坦却经常为自己的鞋失踪而着急,他说:"我一直在告诉这位好心人,外面正在下雨,我还要出门,鞋马上就又会弄脏,完全没有必要这么擦。可是他好像完全不理解我说的话。"能弄清楚宇宙许多奥秘的爱因斯坦,怎么也弄不明白,为什么参加晚会非要穿燕尾服不可。

伊丽莎劝告他:"大家都这么穿,穿上会方便。"

爱因斯坦说:"我从来都没有穿过燕尾服,也从来没有感到不方便。"

伊丽莎拿出为他定做的燕尾服,竭力让他穿上。

他表示强烈反对,争执的结果是,他穿着一身晚礼服走了。回来的时候说:"如果有谁问我,我可以告诉他,我确实有一套燕尾服,不过,是放在柜子里。"

有一次,爱因斯坦独自外出,伊丽莎为他整理好一个衣箱,把衬衣、领带、西服一件件放得整整齐齐,不厌其烦地告诉他要天天换衬衣,经常换外衣……爱因斯坦一边听着一边点头。他觉得最重要的是不要忘记带讲稿,带上记录新思路的纸和笔。

爱因斯坦旅行归来,滔滔不绝地讲在学术上又有了进展。伊丽莎接过衣箱,准备把换下来的衣服拿去洗干净。打开箱子一看,她简直不敢相信自己的眼睛:箱子里的衣服放得整整齐齐,她放进去是什么样,现在还是什么样,一点都没有动过。他把心思完全放在工作上了,忘记换衣服了……

1921年,爱因斯坦接受美国科学界的邀请,横渡大西

洋，访问了美国。

他刚抵达港口，就受到了热烈的欢迎。飞机在天空盘旋，飞过他的头顶，撒下了五颜六色的花瓣和红红绿绿的传单，传单上用特大号铅字印着爱因斯坦的名字。

从许多大楼上，垂下了长长的布幅，上面是热烈欢迎的标语。几十万纽约人挤在马路两边，等候爱因斯坦的车队经过。他们喊啊，拍巴掌啊，欢呼啊。

在一条主要街道上，耸立着一幅几层楼高的巨大无比的广告牌，上面画着爱因斯坦的像，下面用大大的字母写着："这就是著名的爱因斯坦教授。"广告牌下面，又是挤得满

满的看热闹的纽约人。伊丽莎简直要晕眩了，她靠在爱因斯坦旁边。

爱因斯坦亲切地对她说："这简直是在巴纳姆的马戏场。"

"阿尔伯特，这么多人。"

爱因斯坦知道，上星期一个著名的拳击运动员访问纽约时，上街的人比现在还多呢！

他笑着安慰妻子道："无论怎么说，观赏一头大象或者一只长颈鹿，要比看一个上了年纪的科学家有趣多了。"

美国报纸连篇累牍地刊登着有关他的文章、照片、逸闻轶事，但是关于他严肃的科学理论，却刊登得相当少。

蜂拥而至的拜访者，响个不停的电话铃声，一捆一捆的信件、请柬，使爱因斯坦和伊丽莎穷于应付。

好莱坞的一个制片商客气地邀请爱因斯坦，请他去拍一部电影，报酬每周4万美元。另一家的条件更为优厚，只要他在银幕上露面10分钟就行，他站在黑板前面，手里拿着一根粉笔，然后，爱讲什么讲什么，反正那时电影还是无声的。

"再下一步是什么？你们难道真的相信我会像一只马戏团的猴子那样表演吗？"爱因斯坦说，"这个局面不会长久，这样下去我也吃不消，眼下，人们大概都发了疯，到了明天，他们就会把这一切忘得一干二净。"

不论走到哪里，爱因斯坦都会引起轰动。有一个机灵的新闻记者问："爱因斯坦先生，您能不能用一两句话解释一下相对论？"

爱因斯坦摇摇头说："不能用一两句话来解释一门科学。"

"请您一定要讲一讲！"

爱因斯坦略作思索，回答说："过去人们认为，宇宙中的物质消失了，时间和空间还会留下；而相对论认为，物质消失，时间和空间就一起消失了。"爱因斯坦的回答引起了哄堂大笑，许多报纸争相刊登这句话，加上引人注目的标题，把这两句话当成笑话，当成一个无伤大雅的玩笑。

第五章

高洁的情操

✹ 关于相对论的幽默 ✹

有多少人知道，"过去人们认为，宇宙中的物质消失了，时间和空间还会留下；而相对论认为，物质消失，时间和空间就一起消失了。"这两句话讲的正是两种物理理论的要害。在牛顿那里，有绝对空间、绝对时间，它们和物质无关，是万能的上帝创造的，牛顿说："绝对的、真正的数学时间自身在流逝着，它的本性是均匀的，它的流逝同任何外界事物无关。"这种观点认为，时间在均匀地流逝，并且想象在宇宙中有一种"标准钟"，人们可以从放在任何地方的这种钟上读出"绝对时间"。

后来，牛顿又谈到了"绝对运动"，这是由"绝对空间"和"绝对时间"联想到的。他给"绝对运动"下了定义，亦即"物体从一绝对地点转移到另一绝对地点"。

而在爱因斯坦这里，时间、空间都是物质存在方式的一种属性，离开了最根本的物质，哪里还会有空间和时间可言？爱因斯坦把作为光波载体的以太，从物理学世界中清除出去了。他认为，光以太原本只是物理学界的一个"幽灵"，他把独立的物理实体——电磁场请出来，坐在以太的位置上，这也是崭新的、勇敢的行动。

"无以太物理学"是爱因斯坦思想的重要成果之一。这个理论源于他早年的一个想法：假如一个人以光速跟着光波跑，那么他就处在一个不随时间而改变的波场之中。也就是说，应该看到这条光线就好像一个在空间振荡而停滞不前的

电磁场。如果理论成立，到人类能控制时间远远超过光速的那一天，人将看到他死去的爷爷，爷爷的爷爷！那些被认为已经成为鬼魂的祖宗，都还活着！

爱因斯坦相对论的旋风刮遍了美国，人们见面时，讲完天气后，要是不讲几句玄妙的相对论，那简直是不可思议。报纸上刊登了一幅漫画：深夜，一个小偷在撬保险柜，站在屋外的警察按亮了手电筒，手电筒的白光，绕过了几道门窗，拐了好几个弯照在小偷身上。题目是：相对论指出，光线可以拐弯。

有一本杂志上刊登了一首诗，大意是：玛丽出门去游玩，走的那天18岁，由于博士的相对论，回家时变成了17岁。

对这些超级科学玩笑，相对论的创始人爱因斯坦真是哭笑不得。那些口若悬河的参议员们认为也有必要在国会讨论相对论，研究一下是否应该隆重地欢迎爱因斯坦先生。

经过非常热烈而又极为认真的辩论，最终通过了郑重其事的决议：欢迎爱因斯坦先生到美国居住。

说句实话，真应该感谢这些好心的参议员先生。十几年以后，在遭到德国法西斯的疯狂迫害，生命受到严重威胁的时候，爱因斯坦根据这个决议迁居美国，得以继续进行科学研究。

爱因斯坦在美国参观了大学和研究所。对于科研机构的成就，对科学家们专心致志、坚韧不拔和合作的精神深为尊重。和同行们在一起，使他觉得由衷的愉快。

他在普林斯顿大学作了4次讲演，后来整理编印成一本书——《相对论的意义》，流传非常广泛。

当时，美国处于工业迅速发展的时期，科学知识在那里受到尊重，这也使爱因斯坦感叹不已。但是当人们向他提出一些自以为很聪明的题目，想测验一下大名鼎鼎的博士的智力的时候，爱因斯坦却让他们失望了。

"博士，声音在空气中传播的速度是多少呢？"

爱因斯坦想了一下，遗憾地说："对不起，我忘了，不过，为什么要记住它呢？如果需要的话，随便哪一本物理手册里都能查到的。"

爱因斯坦的回答如此坦率，让美国人感到惊讶，连这道初中物理课本上的问题都没有答上来，难道说爱因斯坦还不到初中水平吗？当然不能这么说。在美国，爱因斯坦看到了组织得非常严密的机器大生产，看到了高度发达的生产技术和管理科学，看到了迅速应用的新技术，也看到了美国人民的热情友好、自信和乐观。这些使他感到钦佩。同

时，他也深刻地看到这个社会有许多弊病。他觉得美国的个人崇拜，特别是对他的崇拜，"简直怪诞得可笑。"

他对美国的物欲主义、财富的极端不平均、犯罪案件的急剧增加深为不满。

他访美归来后，在《柏林日报》上发表了自己的观感，在最后一段，他写道："美国在今天世界上技术先进的国家中是最强大的，它对于决定国际关系发展的影响是绝对不可估量的。可是它的人民至今对于重大的国际问题还没表现出多大的兴趣，而在今天，裁军问题在国际问题中占着首位。美国人民必须明白，他们在国际政治领域里负有重大的责任。袖手旁观的角色，同这个国家是不相称的，而且到头来必然要导致世界性的灾难。"

爱因斯坦不幸言中了。仅仅过了10年，日本在中国东北发动了"九一八事变"，全面侵占了中国东北。

美国对日本的侵略行为不闻不问，许多大企业为了牟取利润，还争相和日本人做生意，卖给日本作战急需的汽油、钢铁，壮大了日本的实力。

◎珍珠港：位于美国夏威夷群岛的瓦胡岛。1941年12月7日清晨，日本帝国海军的航空母舰舰载飞机和微型潜艇，突然袭击珍珠港的美国海军太平洋舰队，太平洋战争由此爆发。这次袭击最终将美国卷入了第二次世界大战。

又过了10年，日本在珍珠港投下了一批又一批轰鸣的炸弹和特制的鱼雷，把美国军人炸得血肉横飞。

和中国人民的友谊

1920年春天，曾任中国教育总长的北京大学校长蔡元培访问欧洲时，到柏林爱因斯坦的家里拜访，并诚恳地邀请他到中国访问和讲学。

爱因斯坦热情地接待了这位来自遥远的文明古国的使者，他答复说，很抱歉，因为事务繁忙，他不能长时间离开柏林，因此暂时还不能到中国去。

谈话以后，他热情地把蔡元培送出门外。蔡元培是中国著名的民主革命家、教育家、科学家，曾留学法国，攻读哲学、心理学等。

他早期发起组织了秘密的革命组织光复会，积极参加了辛亥革命、反对袁世凯的二次革命和北伐战争，后来又为抗日救亡事业奔忙。

他一生提倡教育，主张"兼容并包"。在他的主持下，北京大学有李大钊、陈独秀、鲁迅等一大批进步教授。蔡元培内心对爱因斯坦怀着极大的尊敬，回国以后，他向爱因斯坦再次发出了邀请。

曾经缔造了"奇迹年"(1905年)的爱因斯坦在1920年年初和中国有一段因缘。他应日本改造社邀请赴日本讲学，来回两次途经上海，受到了上海各界和大学生的热烈欢迎。

也是在上海，1922年11月13日，爱因斯坦第一时间知道自己获得了1921年度诺贝尔物理学奖。当时，瑞典驻上海总

107

领事代表瑞典皇家科学院在此间正式通知了爱因斯坦这个消息。爱因斯坦两次途经上海，总共停留不足3天时间，但敏锐的他却看出了当时中国社会的黑暗。

他在旅行日记中记录下了欧洲侵略者在中国土地上的行为，也表达了他对中国人民的同情："在外表上，中国人受人注意的是他们的勤劳，是他们对生活质量和儿童福利的要求低微。他们要比印度人更乐观，也更天真。但他们大多数是负担沉重的，男男女女为每日五分钱的工资天天敲石子。他们似乎鲁钝得不理解他们命运的可怕。"

"（上海）这个城市表明欧洲人同中国人的社会地位的差别，这种差别使得近年来的革命事件（即五四运动——笔者注）特别可以理解了。

"在上海，欧洲人形成一个统治阶级，而中国人则是他们的奴仆。他们好像是受折磨的、鲁钝的、不开化的民族，而同他们国家的伟大文明的过去好像毫无关系。他们是淳朴的劳动者……劳动者，在呻吟着，并且是顽强的民族……这是地球上最贫困的民族，他们被残酷地虐待着，他们所受的待遇比牛马还不如"。

以上日记文字是从爱因斯坦的女婿(爱因斯坦第二任妻子的女儿的丈夫)R·凯塞以笔名A·赖塞1930年所写的《爱因斯坦传》中摘录的。

1922年，爱因斯坦乘坐轮船依次访问了中国和日本。中国悠久的历史文化，在这位引领了一个世纪科学潮流的大科学家心里留下了深刻的印象。

也正是在这个时期，中国也开始有了介绍爱因斯坦相对

论的一些文章。1922年第一期《少年中国》出版了，编号为第三卷第七期，这是中国的第一本相对论专号，刊登了相对论的介绍，还有几篇体会，算是最早把相对论介绍到中国的文字。

此后，《东方杂志》、《解放与改造》等期刊分别出版了相对论专号。

1922年春天，北京大学理学院院长、物理学教授夏元瑮再次发出邀请，请爱因斯坦到北京大学讲学。

夏元瑮教授曾留学柏林，是普朗克教授的学生，他一直尊敬爱因斯坦，早在1921年就翻译了爱因斯坦关于相对论的著作，并于1922年在上海出版。这是中国第一部相对论的译本。

◎夏元瑮（1884—1944）：我国早期近代物理学家、教育家，专长于理论物理学。毕生从事高等教育工作，培养了许多物理学和工程技术人才，他和何育杰二人是我国大学物理本科教育的开创者。翻译并出版了爱因斯坦名著《相对论浅释》，为相对论在我国的传播做出了贡献。

1922年12月31日，从日本归来，爱因斯坦再次来到上海。中国人民热情地欢迎爱因斯坦的到来。上海的《民国日报》刊登了大幅广告："爱因斯坦博士是近代科学界的大革命家。他的功绩不在哥白尼、牛顿之下。"

《申报》发了专讯。《时事新报》、《新闻报》做了连续报道。

后来，爱因斯坦一直没能如愿访问中国。但是，爱因斯坦一直是中国人民真诚的朋友。

淡泊名利

爱因斯坦去日本途经中国上海的时候，瑞典驻上海领事馆给他带来了他获得1921年度诺贝尔物理学奖的消息。

爱因斯坦一点儿也不觉得突然，相反，他倒觉得十分有趣。

在这以前几年，早有传闻要授予爱因斯坦诺贝尔物理学奖。但直到1922年11月才正式决定授予他1921年度的物理学奖，同时，还决定把1922年度的物理学奖授予波尔。

1905年的三篇论文，每一篇都应该得一份诺贝尔奖，还有$E=mc^2$，也应该得诺贝尔奖，更不用说广义相对论了。可是，他的科学思想太超前了，受到了保守的物理学家们的反对。

像勒纳德、斯塔克这样的人，甚至口出恶语：如果给相对论的创立者颁发诺贝尔奖，他们就要退回诺贝尔奖。

现在，评委会找到了一种聪明无比的措辞：授予爱因斯坦诺贝尔奖，是因为光电效应定律的发现和物理学方面的其他研究。这一回，反对派说不出什么反对的理由，因为奖的是光电现象的研究，根本没提相对论。许多科学家很不满意，纷纷指责为什么不对最最杰出的研究相对论评奖，评委会的回答也很得体：爱因斯坦的贡献多得很，不是说了吗，还有"理论物理学方面的其他研究"，一切成果全部都包括在内了，大家可以自己随意去分析理解。这样一来，就谁也

没有得罪。这样，对于支持爱因斯坦的人来说，由于一项较小的贡献而得奖，更说明了爱因斯坦的伟大；对于反对爱因斯坦的人来说，也可以自我安慰一番，说相对论不配得诺贝尔奖，这真是聪明无比！

下面又遇到一个难题：爱因斯坦算哪国人呢？德意志科学院、德国大使纷纷发表声明，爱因斯坦是德意志科学院院士，是物理研究所所长，当然是德国最光荣的公民。

瑞士政府也发表声明，还拿出了证明材料，早在1901年，爱因斯坦就正式加入瑞士国籍，他是光荣的瑞士公民。

"哈！哈！哈！"爱因斯坦笑出了声。

直到1923年7月11日，爱因斯坦才去领回1921年度的诺贝尔奖。

1952年，爱因斯坦的老朋友、以色列首任总统魏茨曼去世不久后的一个晚上，电话铃骤然响起，又是一位记者打来的。

"听说要请你出任以色列共和国总统，教授先生。你会接受吗？"

爱因斯坦说："不会。我当不了总统。"

"总统没有多少具体事务，他的职位是象征性的。教授先生，你是最伟大的犹太人。不，不，你是世界上最伟大的人。由你来担任以色列总统，象征犹太民族的伟大，再好不过了。"

爱因斯坦说："不，我干不了。"

刚放下电话，电话铃又响了。这次是秘书去接的。

"天啊，是从华盛顿打来的。以色列大使要和你讲

话。"秘书把话筒递给了爱因斯坦。

"教授先生,我想请问一下,如果提名你当总统候选人,你愿意接受吗?"大使直截了当地说。

"大使先生,关于自然,我了解一点;关于人,我几乎一点儿也不了解。我这样的人,怎么能担任总统呢?请你向报界解释一下,给我解解围。现在,梅塞街已经很不安宁了。"

"教授先生,已故总统魏茨曼也是教授呢。你能胜任的。"

"不,魏茨曼和我是不一样的。他能胜任,我不能。"

"教授先生,每个以色列公民,全世界每一个犹太人,都在期待你呢!"大使的话是很真挚的。

"那……"爱因斯坦被自己同胞的这一番好意感动了,"我怎么办呢?我会使他们失望的。"

当然,提名当总统,拒绝当总统,这样重大的事情,哪能随便在电话上决定呢?11月8日,大使先生走进梅塞街112号的绿色大门。他带来了以色列总理的信,正式提请爱因斯坦为以色列共和国总统候选人。后来爱因斯坦在报上发表声明,正式谢绝。

锲而不舍的追求

爱因斯坦获得诺贝尔奖以后，丝毫也没有放松对科学的探索，他把很大精力转向统一场论的研究。当时，物理学中主要的力包括引力和电磁力。我们最常见到的重力，就是地球的引力。水从高山上流下，转动了水轮机的叶片，这是地球的引力在做功。起重机把沉重的货物吊到高空，这是机械克服地球引力在做功。

人上山的时候气喘吁吁，下山的时候步履轻快，这都和地球引力有关。地球、火星、土星、木星等九大行星以那样高的速度围着太阳转动，而没有自由地飞往宇宙深处，彗星拖着长长的尾巴飞向太阳，这都是太阳的引力在做功。地球的海洋上汹涌起伏的潮汐，和月球对地球的引力有关。

至于电磁力，我们每个人都非常熟悉，谁没有见过阴雨天气和雷霆闪电呢？谁家没有电灯呢？广播、电视、录音机都和电磁力有关。在电车上、机床上、电冰箱里、洗衣机里，到处都有电动机，在工厂里生产铝、铜、氢氧化钠，需要用电解，自行车的车把、车圈，直至衣服上的扣子，许多东西要电镀，还有计算器、收音机里的电池。

说得更广泛一些，铁蒙上一层红锈，铜则生成一层绿锈，木柴和煤炭的熊熊燃烧，水又可以分解成氢和氧……这一切，都和电磁力分不开。

引力形成了引力场，电磁力形成了电磁场，这两种场有

爱因斯坦
AI YIN SI TAN

没有内在的联系？它们同存在于自然界内，它们是不是统一的呢？比起相对论，这个题目太艰难了，许多物理学家望而生畏，远远地停住了脚步。爱因斯坦决心为解决这个难题而努力。

爱因斯坦最终未能完成关于统一场的理论，实现他的理想，并不是因为他的智慧和能力不够，而是由于时代的限制。

20世纪前半叶，人类的科学技术还不能对宇宙深处星球的奥秘和原子内部粒子的奥秘这两项最重要的自然奥秘进行更深层次的开掘，人类对宇宙和原子核内部奥秘的了解还非常肤浅。尽管爱因斯坦具有超人的对于事物的洞察能力和预见能力，但他毕竟无法超越他的时代，无法用他的理论去预知一个完全未知的世界。

天才走在时代的最前面，他往往是孤独的，有时候他甚至不得不把时代远远地抛在后面。1948年他尖锐地指出："暂时的成功为大多数人带来的是使他们更加信服的力量，而不是在原理上的思索。"在谈到牛顿的旧引力理论时，他指出："在它的不完备性暴露之前，在两个多世纪的时间里它一直是成功的。"

现在的物理学已经比历史上的任何时期都更加接近爱因斯坦的梦想了。

在爱因斯坦看来，好奇心是科学创造的出发点、动机和推动力，实际上这些作用是好奇心对科学研究仅有的。

有一次喝茶，爱因斯坦用小勺搅了搅杯里的茶水，水慢慢旋转起来，茶叶随着旋转的水团团转。转着转着，许多茶

114

叶慢慢地聚拢在一起，沉在水杯的中心，慢腾腾地旋转着。

谁喝茶的时候没见过这个现象？可是，谁又认真地思索过这个现象呢？

伊丽莎看见，爱因斯坦专注地望着杯子，忘记了喝茶，他的思想飞得很远很远，整个人都像沉入了遥远的梦境。

伊丽莎向客人轻轻一笑，示意大家放低声音，不要扰乱爱因斯坦的思考。

突然，爱因斯坦抬起头来，顽皮地看着桌旁的客人、妻子、女儿，他挑战似地问道："你们谁来解释，为什么茶叶都跑到杯子的中央？为什么水面上只浮着很少的一两片茶叶？"

大家面面相觑，你看看我，我看看你，谁也答不上来。

女儿说："还是您说吧。"

爱因斯坦沉思着说："你们看，是不是这样，那些沉底的茶叶落到了杯子的底下，当我开始搅拌的时候，由于离心力作用，它们逐渐聚集到了中间。但是我搅拌而产生的旋涡转动并不均匀，由于摩擦力的作用，杯子边缘产生阻碍作用，在杯子的中间转动得比较慢一些，在杯子底也转得比较慢。少数茶叶就被带到杯子表面的中央，直到水的转动稳定下来为止。"

人们长长地舒了一口气，"真是一目了然，可是，我们就没有想到。"

爱因斯坦继续说："河流转弯的地方也是这样，你们看河岸不断受到侵蚀，河流越来越蜿蜒曲折，其形成的原因和杯子里的水很类似。"

❋ 和居里夫人伟大的友谊 ❋

爱因斯坦在法国的讲演，受到了群众热烈的欢迎，也受到了居里夫人亲切的接待。

居里夫人把一个年轻的姑娘带到爱因斯坦面前，介绍说："这是一个开始学习物理学的姑娘，伊琳·居里。"

爱因斯坦眯着眼睛看着这位个子高挑的姑娘，说："开始学习物理，好啊，好啊，如果我没有记错，在第一次世界大战以前，我曾经揪过你的耳朵。"

伊琳·居里羞涩地笑了："没有的事，博士。"

"是的，有过一次。"居里夫人作证，"如果不好好学习物理，那还要揪耳朵。"

在居里夫人的严格要求和亲自教导下，伊琳·居里继承了母亲的事业，成了一位杰出的物理学家，13年以后，她和她的丈夫约里奥——也是居里夫人的学生一起发现了放射性，不久，获得了诺贝尔奖，成为无愧于居里家族的新一代。

爱因斯坦参加了国际联盟的知识界合作委员会，他热情地邀请居里夫人一起参加，共同为世界和平而奔走，满心希望国际联盟能接受第一次世界大战的教训，制止新的扩军备战，给世界带来和平。

但他很快就失望了。他发表声明，认为"国际联盟既不具备为达到它的目的所必需的力量，也不具备为达到这个目

的所必需的诚挚的愿望，作为一个虔诚的和平主义者，我觉得不得不同国联断绝一切联系。我请求你们把我的名字从委员会成员的名单中划掉。"

对爱因斯坦的决定，居里夫人深表惋惜，来信希望他重新考虑。爱因斯坦非常尊重她的意见，反复考虑以后，重新参加了有关活动。他给居里夫人写了一封亲切的回信："要是我不把您当做一个可以闹别扭的姐妹，一个在她的灵魂深处对这种感情总是有所理解、而且使我始终感到特别亲近的姐妹，我是不敢以这种态度向您发牢骚的。"

两年以后，在风光旖旎的日内瓦湖边，爱因斯坦没有心思欣赏湖光山色。他和居里夫人参加了一整天会议，出来稍作休息。夜幕已经悄悄降临，路灯像一串串珍珠闪烁着，湖面上映出了灯火和街道的倒影，许许多多光的斑点在湖面上跳跃着、荡漾着。

爱因斯坦和居里夫人一起坐在湖边长椅上，他们不约而同地注视着水面上反射的灯光。爱因斯坦若有所思地问："为什么反射在水面的光在这一点断开，而不在其他点呢?

居里夫人思索着，然后她说："那是因为……"

他们轻声交谈着，用哪几个公式去解释、去说明，而哪一个概念，显然还不够完整严密；应该怎么分析，才能把这个物理现象表述清楚。这就是两位科学巨人纯洁而深厚的友情。

由于长期接触放射性的物质，致力于使放射性给人类造福，居里夫人得了严重的白血病。1934年7月，居里夫人去世了。爱因斯坦深为悲痛，他在悼念这位伟大的女性的时

候，饱含深情地说："我幸运地同居里夫人有20年崇高而真挚的友谊。我对她的人格的伟大越来越感到钦佩。她的坚强，她的意志的纯洁，她的律己之严，她的客观，她的公正不阿的判断——所有这一切都难得地集中在一个人身上。

她在任何时候都意识到自己是社会的公仆，她的极端的谦虚，永远不给自满留下任何余地。由于社会的严酷和不平等，她的心情总是抑郁的，这就是使得她具有那样严肃的外貌，很容易使那些不接近她的人产生误解——这是一种无法用任何艺术气质来解说的少见的严肃性。一旦她认识到某一条道路是正确的，她就会毫不妥协地并且极端顽强地坚持走下去。"

在讲话的最后，爱因斯坦满怀希望地说："居里夫人的品德力量和热忱，哪怕只有一小部分存在于欧洲的知识分子中间，欧洲就会面临一个比较光明的未来。

❋ 谦逊低调的人格 ❋

爱因斯坦有许多真诚的朋友。他到英国访问的时候，发现电子的著名科学家汤姆逊，最早研究放射性并成功地解释了原子结构的著名科学家卢瑟福亲自到码头去迎接。英国皇家学会在剑桥大学的三一学院古老的建筑里，在牛顿曾经居住和工作过的房间，隆重地接待爱因斯坦。在英国人民心目中，牛顿具有崇高的地位。是他发现了万有引力和三大运动定律，奠定了物理学的基础，是他，发明了微积分，开创了高等数学。牛顿用自己辛勤工作的一生宣告了一个科学的时代的诞生。如今，他们同样真诚地迎接着来自异国的朋友，一个继牛顿之后宣告了科学新时代的伟大的科学家。

爱因斯坦激动的心情并不亚于他的同行。他仔细地观察牛顿用过的桌子，牛顿用过的书柜，弯下腰去，细细地端详着牛顿在1672年亲手制作的那架不太大的反射式天文望远镜。这架望远镜的长度只有6英寸，也就是大约十五厘米，从外表看，好像是一个简单的玩具，但是它的效果相当好，以至后来出现了一类天文望远镜，叫做牛顿式天文望远镜。

汤姆逊教授说："爱因斯坦对于20世纪，正如牛顿对于18世纪一样。也许，有的英国人不肯轻易承认这个事实，然而，正如诸位所看见的，英国人现在已经承认了。"

爱因斯坦摇摇头，不，他非常尊敬牛顿。牛顿是一位杰出的天才，他处在人类理智的历史转折点上。两百多年来，光学、热学、电学、磁学的进展，完全是在牛顿思想的影响下发生发展的。后来，物理学越出了牛顿理论的框架。相对论和种种新的发展，只不过是牛顿科学思想进一步飞跃。

爱因斯坦沉思着，慢慢地，一字一句地说："我对牛顿永远怀着深挚的敬佩。"

应爱因斯坦的要求，卢瑟福陪同他去韦斯敏斯特教堂的墓地，凭吊了牛顿的墓。后来，爱因斯坦多次肯定牛顿在科学史上的丰功伟绩。

在英国，爱因斯坦会见了著名文学家萧伯纳。

萧伯纳已经70岁高龄，他的头发、眉毛、胡子一片雪

119

白，但是精神矍铄，说话幽默而深刻。他握着爱因斯坦的手，说道："你们一共八位，只有八位。"

"八位？对不起，我不懂是什么意思。"爱因斯坦困惑地问。

"人类历史上有八位科学的伟人，他们是毕达哥拉斯、托勒密、亚里士多德、哥白尼、伽利略、开普勒，然后是牛顿，"萧伯纳望着爱因斯坦的眼睛说，"最后，是阿尔伯特·爱因斯坦。"

爱因斯坦耸了耸肩，他不喜欢这样的恭维。

爱因斯坦和印度著

◎萧伯纳（1856－1950）：爱尔兰剧作家，1925年获诺贝尔文学奖，著有剧作《卖花女》、《圣女贞德》等。

名文学家泰戈尔也有着深厚的友谊。泰戈尔已经70岁，年轻的时候曾在英国上过大学，但他一直是一位最真挚的爱国诗人，他曾在农村开办学校，亲自教育孩子，他写了无数优美的诗篇和寓意深刻的小说，珍视民族文化的优秀传统。他向往着祖国获得独立和自由。

爱因斯坦在家里接待了泰戈尔，泰戈尔兴奋而激动地握着爱因斯坦的手。追求人类的文明和进步，可以跨越任何民族和国家的界限。

这两个人的友谊，并不能说明他们所有的观点都一致，在哲学问题上，他们争论得很厉害。

泰戈尔说："科学是超出个人的人的真理世界。宗教赋予真理以价值，而我们则将认识真理，并且感觉到自己同真理的和谐。"

◎泰戈尔（1861—1941）：著名的印度诗人、社会活动家，1913年他获得诺贝尔文学奖，是首位获得诺贝尔文学奖的印度人(也是首位亚洲人)。他与黎巴嫩诗人纪·哈·纪伯伦齐名，并称为"站在东西方文化桥梁的两位巨人"。

爱因斯坦却认为："真理具有一种超乎人类的客观性。"他举了一个例子，"比如，即使房子里空无一人，这张桌子仍然处在它所在的位置。"

泰戈尔不同意爱因斯坦的观点，他坚持说："桌子作为一种固体只是一种外观，也就是说，只存在人的精神之中认为是桌子的那种东西；如果人的精神不存在，它也就不存在。"

他们谈了很久，这场著名的谈话不久在印度的杂志上刊登出来了。现在，距离这场谈话已经过去了半个多世纪，我们要说，爱因斯坦的认识更符合科学，更接近辩证法和唯物论。

著名的艺术大师卓别林曾经去拜访爱因斯坦。他对于笼罩着资本主义世界的严重经济危机和严重的社会贫富悬殊忧心忡忡，曾经在自己的许多作品中辛辣地讽刺和揭露了资本主义社会的种种丑恶，让观众在捧腹大笑之后回味无穷。

吃饭的时候，卓别林讲着在世界各地的见闻，发表着自己的看法："资本主义制度是不可挽救了。"

爱因斯坦说："我们还是不要谈各种各样的理论吧。如果我有了权力，您想想看，我会怎么做？"

卓别林饶有兴致地看着头发蓬松的博士，"不，我猜不出来。"

爱因斯坦非常认真地说："我要把这个星球上所有的货币都堆在一起，不管是多大的一堆，然后点一把火，统统烧掉！是的，统统烧掉。"

这个回答是卓别林完全没有想到的，他先是微笑，然后哈哈大笑，"真是个绝妙的主意。我在想，那些百万富翁，千万富翁，看着火堆……"他越笑越厉害，简直吃不下饭了。

爱因斯坦结交了许多真诚的朋友，其中最奇妙的是和比利时王后伊丽莎白的友谊。比利时当时的国王是阿尔贝特一世。在第一次世界大战中，德国背信弃义地侵犯了比利时的中立，阿尔贝特国王不畏强暴，英勇地进行抵抗。战后，王后强烈地主张和平和友好，国内一些右翼甚至称她为"红色王后"，因为她主张与苏联友好相处。国王和王后非常敬重爱因斯坦，他们邀请爱因斯坦去做客。

到了约定的日子，王后在王宫里等得焦急不安，时间早就过了，怎么还没有来？据说爱因斯坦博士一向是很遵守时间的呀。

司机开着空空的汽车回来了，他向王后陛下报告，火车是准时到了，他一直等到车站空无一人，看来爱因斯坦博士没有来。恰好这个时候，爱因斯坦来了，他风尘仆仆，手里提着一个小提琴的匣子。司机惊奇地瞪大了眼睛，因为他一直恭恭敬敬地站在头等车厢的门口，迎接着博士的。

"啊，我是坐三等车厢来的。"

太不可思议了，怎么敢想象国王和王后陛下尊贵的客人乘坐三等车厢呢？

爱因斯坦也表示不可理解："我怎么能想到您要专门派一辆车去车站接我呢？我散着步，就走过来了。"

　　王后亲切地接待爱因斯坦，她和爱因斯坦有许多共同语言：世界和平，各国人民的友好，另外他们都非常爱好音乐。

　　王后说，她在年轻的时候曾经跟着名师学过小提琴。

　　"太好了！"在这里，爱因斯坦庆幸自己找到了知音。

　　王后建议大家一起合奏几支曲子，这个建议得到了所有人的赞同。

　　爱因斯坦拉第一小提琴，王后拉第二小提琴，与一个宫中女侍和一位英国女音乐家一起，演奏了四重奏。他们合作得非常愉快，不仅技巧娴熟，而且每个人都倾注了自己亲切的感情。特别是王后的琴拉得太美了，柔和、流畅、优美。几小时不知不觉飞快地过去了。

　　放下小提琴，爱因斯坦情不自禁地赞叹说："您演奏得太好了！陛下，您真是不需要王后这个职业。"

　　王后微笑了。国王和王后与爱因斯坦的友谊保持了很久。爱因斯坦曾经笑着给朋友们讲过这么一段经历。

　　爱因斯坦外出旅行，有好几次，在旅途上为了帮助别人，弄得自己身无分文。后来，每次外出都由伊丽莎为他买好往返车票。有一次，他从伦敦回柏林的路上，又是为了帮助不相识的人，用光了身上的钱。摸摸口袋，只剩下几个法郎了，怎么办呢？到了布鲁塞尔，他决定停下来想想办法。

　　爱因斯坦浑身尘土，头发乱蓬蓬的，衣服皱巴巴的，身边除了一个小箱子，什么都没有。他出了火车站，来到了一个酒店问招待员："请问，你知道怎么接通莱肯的电话吗？"

招待员怀疑自己听错了，"莱肯？"

"是的，莱肯城堡。"

那可是比利时的王宫啊！招待员愣住了。店主、顾客都吃惊了，这个陌生人竟要给王宫打电话！

看他的装束像个流浪汉，他究竟是个疯子还是无政府主义者？或是居心叵测的恐怖分子！门口顿时聚集了一堆人。

店主连忙回到里间，对着招待员附耳嘱咐了几句，自己又出去看。

爱因斯坦专心致志地打电话。招待员告诉了他号码，可是总也拨不通。

新闻迅速传遍了整个地区，两个警察气喘吁吁地跑过来，紧张地站在门口，预防发生任何不测。

招待员给精神病院的电话先打通了，一辆救护车风驰电掣般地开来，万一这个人是疯子呢？

给王宫的电话好不容易接通了，是王后本人接的电话，她马上听出来是爱因斯坦的声音，亲切地告诉他，马上就去接他。

王宫的汽车迅速开来了，这一回，酒店里里外外的人更加惊讶得合不上嘴了，我的上帝，原来，这就是那个最最了不起的科学家——爱因斯坦！是国王和王后陛下最最尊贵的客人！

招待员摸着自己的脑袋，庆幸自己没有对他无理。

爱因斯坦笑着对朋友们说："我肯定是看上去太可疑了，他们没有一个人认出我来！"

朋友们和他一起捧腹大笑。

第六章

正义光辉的人生

风雨欲来

20世纪20年代和30年代的德国，一直处在动荡之中。

德国工人阶级和共产党的力量还不够强大，也不够成熟。软弱的小资产阶级摇摇摆摆，拿不出任何治国的良策。各种各样的政党，形形色色的政治派别此起彼伏，对第一次世界大战失败的复仇情绪，再加上种族优越的观念相当深入人心。特别是经济混乱，失业、通货膨胀困扰着人们的时候，德国向何处去，成了一个尖锐的大问题。

一股暗流在德国激荡，它起初还很小，追随者很少，但是随着时间过去，它成了一支谁也不能轻视的力量。希特勒的国家社会主义党，简称纳粹党，成了德国人议论的中心。希特勒的追随者穿着褐色制服，举着万字大旗，在大街上示威游行、讲演、集会、出版书籍、报纸、杂志，提出了许许多多蛊惑人心的口号。他们把经济混乱的一切罪责推到犹太人的头上，鼓吹德意志民族高于一切，宣称要建立让德国所有工人、农民、工厂主和商人永远幸福、文明和富裕的千年王国。"国家社会主义"的纲领使许多青年人如痴如狂，希特勒成了他们狂热崇拜的偶像。

爱因斯坦极其担心地注视着局势的发展。

起初，死心塌地追随希特勒的人还不那么多，很多人对未来还寄予期望。柏林市政府为了对爱因斯坦的辛勤工作表示感谢，要送给他一件生日礼物——一幢哈维尔湖附近的别墅。

伊丽莎非常高兴，她到了那里，却发现那幢别墅早就有主人了。

柏林市政府赶忙道歉，把一块土地赠给爱因斯坦，在那里他可以盖一幢别墅。

不幸得很，这块土地又是早就有主人了。

市政当局第三次送来了另一个地方的证书，爱因斯坦说："不用去了，这些老爷们比我更加心不在焉。"果然，这块土地的所有权不归市政当局管。

右翼势力公开指责他们。"不要使市政当局为难了。"爱因斯坦和伊丽莎商量，"我们自己去找一块地，自己买下来好了。"伊丽莎支持丈夫的意见。他们给市长写信，感谢他们的一片好意，声明放弃市政当局的礼物。

在幽静的哈维尔湖边，他们终于盖成了一所小房子，只有一层。房前房后，是不大的一片花园。既不讲究，也不豪华，但这已经花光了爱因斯坦所有的积蓄。不管怎么说，他们总算有了一个自己的温暖的小家了。

爱因斯坦50岁的生日快到了。成筐的电报，精美的礼物，从世界各地涌来。

爱因斯坦告诉伊丽莎，为了躲开麻烦，避免热闹，他要到乡下去，去一个谁也不知道的地方。他一再嘱咐，他要在那儿继续自己的研究工作，不希望任何人打扰，因此这个地点对谁也不要讲。

伊丽莎同意了他的要求。

来祝贺的人们一个个被女主人客气地挡了驾，但是邮寄的礼物还是源源不断。伊丽莎一件件地拆开，自言自语道：

"我一定要告诉阿尔伯特，告诉他都收到了什么。"

生日到了，早晨，家里的电话响了。

伊丽莎拿起听筒，欣喜地听出是爱因斯坦的声音。他告诉妻子："我有一件重要的事情，在我给我的助手的计算当中有一个错误，昨天晚上我一直在想。现在我请你马上去一趟，告诉他立刻改正过来。"

伊丽莎打断他："可是，我要告诉你，阿尔伯特……"

"请你马上去。"

"你知道今天是什么日子吗？"

"咳，什么日子？对生日何必这么小题大做？你不要忘记我告诉你的事情。你现在拿笔记下来，是在第几页第几段里……"

伊丽莎只好抓起了笔。

下午，伊丽莎办完爱因斯坦的事情，她实在忍不住了，拿了几样她认为最有价值的礼物，悄悄地来到爱因斯坦"隐居"的乡村。

爱因斯坦正在埋头工作，看见伊丽莎来，大吃一惊。伊丽莎看见他，同样大吃一惊："天呀，今天是什么日子？你怎么穿这么一件最旧的衣服！"

"这件衣服很好呀！你看，完全能穿。"

伊丽莎拍了一下手，"你究竟是怎么找到它的？真奇怪。为了不让你再穿它，我把它藏在最隐蔽的地方了。"

爱因斯坦得意地笑了："嗯，我知道你所有那些最隐蔽的地方。"

伊丽莎说："要是人家看见了会怎么说？博士、教授，

就穿这么一件衣服？"

爱因斯坦不以为然地说："人们看的是我，又不是看我的衣服。这有什么！"

希特勒在德国越来越猖狂，继《我的奋斗》以后，他又写了一本《民族振兴之道》的小册子，公然提出要"用刀剑的力量创造民族振兴的前提"，要为德意志寻求新的"生存空间"。

被法西斯精神和种族主义毒害的人，在国内开始了疯狂的反对民主和科学的活动，同时，他们像失去了理智一样反对犹太人。街道上，纳粹党徒列着队伍行进，高唱着："醒来吧，日耳曼，让犹太人去见上帝！让万字旗飘舞，犹太人的血必须从马刀下喷出。"

刚正不阿的爱因斯坦，成为他们狂吠的重要目标。早在20年代就领头攻击过爱因斯坦的物理学家勒纳，这一次又是急先锋。他鼓吹希特勒是"有头脑的哲学家"，表示将无条件地拥护他的元首希特勒。在一篇文章中，他放肆地攻击爱因斯坦："爱因斯坦及其种种理论和由陈词滥调与任意拼凑炮制出来的数学废话，是犹太人集团对自然界研究的危险影响的一个最重要的例子。现在，他的理论被彻底粉碎了！"他一遍一遍地讲演，宣称已经粉碎了相对论，但是拿不出任何证据。

纳粹党徒横冲直撞，砸烂犹太人的店铺，污辱犹太人，宣传什么"共产主义威胁"、"犹太人的阴谋"，空气越来越紧张。

普朗克教授对这一切看得不那么严重，他不赞成胡来，

他觉得这些感情的冲动和无秩序的混乱很快就会过去。爱因斯坦比普朗克想得更深远。他看出，一场可怕的瘟疫已经在德国泛滥，他已经不能在德国继续自己的工作了。

美国邀请爱因斯坦去讲学，他和妻子收拾好行装，走到房子外面。

爱因斯坦回头望着这所房子，刚盖好几年，周围是浓密的绿荫，不远处是蔚蓝的湖水，在这儿，他度过了虽然不长却难忘的岁月。

伊丽莎看见他望着房子出神，不解地问："你在看什么？"

"伊丽莎，你也看看这所房子吧，我们在这儿只住了几个夏天。走之前，你再看看它吧。"

"为什么？"伊丽莎不明白。

"也许，"爱因斯坦很轻很轻地说，"也许，你再也看不见它了。"

伊丽莎笑起来，她根本没有想那么多，她也不知道局势会变得多么严重，她说："不会的，阿尔伯特，我怎么能那么快就死去呢？"她想到另一个方面了。

爱因斯坦心情沉重，什么也没有说。一个朋友秘密转告他，一位身居高位的官员告诫，让他赶快离开德国，在这里他的生活再也不是安全的了。

他想起家里的女仆含着泪的诉说，这个女仆在他家多年，彼此相处一向很和睦亲切，她从街上买东西的时候，面包师竟然对她说："你怎么能住在一个犹太人家里，住在那个令人厌恶的家伙的家里。"

他想起朋友一再劝告，法西斯分子要像当年杀害拉特瑙一样杀害他，让他继续留在德国，实际上就是对他的谋杀。而暗杀他的计划已经制订。

正义的捍卫者

爱因斯坦是一位正直的科学家和思想家。他关心政治，关心人类命运。面对现实，在每一个重大社会政治问题上他都敢于表明自己的政治观点。

爱因斯坦对政治问题的第一次公开表态，是1914年签署一个反对第一次世界大战的声明。包括他在内的四个人签署了反战宣言《告欧洲人民》，呼吁善良的欧洲人，团结起来，争取和平。这个宣言虽然不是爱因斯坦写的，但同他一生的政治思想完全一致。

爱因斯坦自称是坚定的和平主义者，主张各国人民之间友好相处。他亲眼见到战争带给人们的苦难，号召青年们拒绝服兵役。他认为，在每一个国家里，只要有百分之二的青年人拒绝服兵役，军队就不能扩充，也就不会再有战争了。他的主张被许多青年人接受。爱因斯坦积极参加各种各样的裁军会议、和平会议，在讲台上大声呼吁，成立和平组织，为和平而斗争。他在给著名的奥地利精神分析学家弗洛伊德的信中说："真正有才干的知识分子的团体一旦建立起来，它就可以有力地动员一群又一群真诚的人来参加反对战争的斗争了。"

冷酷的现实，把爱因斯坦一片真诚的热心撞得粉碎。

1933年1月30日，蓄谋已久的政治事件终于发生了，86岁的共和国总统兴登堡元帅把共和国出卖给了希特勒。法西斯纳粹党终于掌握了国家政权。这一天晚上，成千上万人组成的游行队伍，跟着震耳欲聋的军乐队，高举火炬，把柏林映得一片通明，直到深夜。

2月，希特勒集团纵火烧毁了国会大厦。事后，他们无耻地诬陷共产党，说共产党人放火。大厦着火的第二天，他们以"防止共产党危害国家"为名义，强行宣布法令，停止执行宪法中保障公民权利的七项条款。

两个月以后，希特勒下令抵制全国犹太人的商店，纳粹党徒砸碎了所有犹太人店铺的玻璃。一年以后，希特勒宣布解散各邦的议会。又过了半年，解散了一切政党。人类历史上最黑暗的法西斯统治笼罩着整个德国。

此时爱因斯坦正在美国讲学，痛心地注视着德国。还回不回去呢？还能回去吗？

爱因斯坦和伊丽莎去了德国驻纽约总领事馆。领事先生认识爱因斯坦，在办公室里，他冷冰冰地说："教授先生，最近您对《纽约世界电讯报》发表了一篇谈话，这篇谈话在柏林引起了震动，您怎么看这件事情呢？"

谈话？是的，爱因斯坦刚刚发表了一篇谈话，他痛心地说："一个人精神受到了压抑会得精神病，同样，一个社会组织面临严重的难题也会害病。我希望，不久以后，比较健康的气氛在德国会得到恢复。我也希望将来像康德和歌德那样伟大的德国人，会被人们纪念，会永远受到尊敬。"

总领事提醒他说："您说到了德国。"

　　是的，爱因斯坦说到了德国，他说，公民自由、宽容、平等，"这些条件目前在德国都不存在。那些对国际间的谅解有杰出贡献的人，在那里正遭受迫害。"

　　总领事像背诵课文一样说："现在德国是国社党执政，新政府是主持正义的，爱因斯坦先生在德国不会受到任何威胁，也不会遇到任何麻烦。"

　　爱因斯坦庄重地声明，"我不想再回到德国。"

　　坐在旁边的领事馆秘书匆匆站起来出去了，也许，他想要赶快把这个"可恶的犹太人"的这个表态发一份电报，报告柏林。

　　门刚刚合上，总领事脸上的表情马上变了。他真诚而焦急地对爱因斯坦说："教授先生，现在，我以个人的身份对您讲，您的行动是正确的。您不能回德国！那里什么事情干不出来？我钦佩您的决心！"

　　爱因斯坦的眼睛湿润了。

　　总领事指着几份报纸说："您看，德国的报纸上把您叫做犹太阴谋家、共产党阴谋家。"

　　爱因斯坦说："我从

来不是共产党。当然，我是犹太人，我反对法西斯。"

总领事正要说什么，秘书推门进来了，总领事脸上又挂起了公事公办的冰冷表情。他不再说什么，只是彬彬有礼地把爱因斯坦夫妇送出门。

据史料记载，这位总领事一直不满希特勒的法西斯统治，在希特勒发动第二次世界大战，横行于欧洲的时候，他和许多正直的德国人秘密组织起义，试图推翻希特勒的统治，结束这场疯狂的侵略战争。但是，他们英勇的努力没有成功。1944年，他被法西斯杀害了。

如何看待自己多少年来信仰的和平主义呢？爱因斯坦多次这样问过自己。

不能作消极的和平主义者，而要做个战斗的和平主义者。爱因斯坦下定了决心。他说："我决心为和平而战斗。"

来访者好心地提醒他，德国报纸已经连篇累牍地攻击爱因斯坦，并且一再威胁要杀死他。

爱因斯坦说："每一个伟大的事业，开头总是只为少数有闯劲的人们信奉。一个人为他信奉的事业，例如为和平事业而死，岂不是比他被自己不信奉的事业、被战争折磨强得多吗？"

爱因斯坦愤慨地指出："一些中小学校的课本里颂扬战争，把仇恨灌输给孩子们；我却要教他们和平而不教他们战争，向他们灌输爱而不是仇恨。全世界的母亲们都有责任在她的孩子的内心里播下和平的种子。"爱因斯坦给意大利外交部部长罗各写信，希望他制止对意大利学者的残酷折磨。当时意大利是墨索里尼的法西斯党执政，他们的口号是"刀

爱因斯坦
AI YIN SI TAN

斧和棍棒"，当然听不进爱因斯坦的话。

爱因斯坦对日本发动"九一八事变"、进而侵占中国东北感到极其愤慨。他看到，日本进行侵略战争所需要的汽油、钢铁、飞机、汽车，有很多都是从美国进口的。美国没有采取任何行动制止日本的侵略，而一些垄断财团却趁机发了大财。爱因斯坦亲自找到美国一位著名的外交家，问他，为什么不用贸易抵制的办法迫使日本停止武装侵略？要知道日本既不生产汽油，又几乎没有铁矿，只要宣布禁运，就可以制裁日本。那位一向自诩主持正义的外交家说："这一切对我们的商业利益影响太大了。"

商业利益？爱因斯坦非常气愤。

1932年8月27日，爱因斯坦给世界反战大会写了一封贺信，信中说："当日本侵犯中国东北的时候，文明世界没有足够的力量阻止这些罪行。那些实业家的利益原来比各国人民对于正义的渴求更有力量。让所有热爱和平的人，不分政治信仰，拿出自己的全部力量，使理智与和平代替暴力和无休止的对财富的欲望！"

他的信受到大会2300个代表的欢迎。

在这次会议上，爱因斯坦当选为反对法西斯、反对战争的常务委员会的委员，同时当选的还有：高尔基、罗曼·罗兰、克拉拉·蔡特金、德莱塞……中国的宋庆龄女士则两次当选为名誉主席。

对于爱因斯坦英勇无畏的态度，德国法西斯恨之入骨，这毫不奇怪。美国一些反动组织也跟着摇旗呐喊，这使爱因斯坦相当痛心。

美国有一个妇女团体，起了一个很好听的名字："美国革命女儿团"。她们发表声明，要求禁止爱因斯坦到美国来，"美国不能容纳那些无法无天的共产主义分子和捣乱分子！"

爱因斯坦给报纸写了一封辛辣的信："我还从来没有遭到女人们这样坚决的拒绝。请记住吧，聪明的、爱国的女人们，有一次，强大的罗马帝国的首都就是靠着鹅群的'咯咯'叫声才得到拯救的。"

爱因斯坦的威信越来越高，他不仅作为一个伟大的科学家受到普遍的尊敬，也作为一个伟大的主张和平、进步和正义的社会活动家受到尊敬。爱因斯坦和过去一样，厌烦对自己的吹捧。卓别林热情地邀请爱因斯坦参加一个舞会，爱因斯坦勉强同意了。舞会上没完没了的歌颂让他实在受不了，他从椅子上站起来，对着满场观众说："谢谢你们为我说了那么多的好话。但是，如果我相信所有这些话都是真诚的，那么，我就是一个疯子。我清楚地知道我不是一个疯子，所以对这些话我不相信。"

爱因斯坦的话如同一盆冷水，泼在狂热的火上，许多观众傻了。爱因斯坦的挚友劳厄曾经劝说他采取克制的态度。爱因斯坦大义凛然地回答说："试问，要是布鲁诺、斯宾诺莎和伏尔泰、洪堡也都这么想、这么办事，那么，我们的处境会怎么样呢？我对我说过的话，没有一个字感到后悔，我相信我的行为是在为人类服务。"

两百多年前，布鲁诺为了坚持宇宙是物质的、无限的这个自然科学的真理，被残暴的反动教会处以火刑，活活烧

死。爱因斯坦以这样伟大的勇士为自己的榜样，激励自己。爱因斯坦本人也是这样伟大的勇士！

在德国，纳粹党徒冲进了爱因斯坦的家。他们扬言要搜查共产党的武器。他们已经没收了爱因斯坦在银行的所有存款，说这是暴乱活动的经费，其实，只有区区5000马克。

屋子里、花园里，一定有秘密！疯狂的法西斯分子逼着邻居拿来铁锨，他们把花坛、草地挖得乱七八糟，把屋里翻得底朝天，最后失望地发现，屋里只有一把生了锈的面包刀。

幸亏爱因斯坦的女儿玛尔戈把他的许多手稿、书籍和资料都转移到法国大使馆。她自己也迅速脱身了。

法西斯分子宣布：没收爱因斯坦的别墅，收归国有。并悬赏2万马克，要爱因斯坦的头颅！

爱因斯坦故乡乌尔姆小镇的法西斯分子也不甘落后，他们决定，砸烂"爱因斯坦街"的路牌，这是20年代他获得诺贝尔奖以后，家乡人民为之命名的。法西斯分子把这条街改名为"费希特街"。

迫害爱因斯坦的声浪，一浪高过一浪。

1937年4月18日，近三千五百人参加了在纽约举行的支持西班牙共和国的群众集会，爱因斯坦请人在集会上宣读了他的电报："我首先要大声疾呼，为拯救在西班牙的自由，必须采取强有力的行动，这是一切真正的民主主义者义不容辞的责任……要是在西班牙丧失了政治自由，那就会严重危及德国的政治自由。祝愿你们能够唤醒民众积极支持西班牙人民……我衷心祝愿你们在这一正义而意义深远的事业中取得成功。"

基于崇高道德基础上的人类责任感、正义感正是促使爱因斯坦从一个和平主义者向一个反纳粹战士转变的最重要的原因。

爱因斯坦辞职

1933年，爱因斯坦从美国来到比利时首都布鲁塞尔。国王和王后命令，一定要妥善地保护好爱因斯坦。

比利时的王后伊丽莎白很早就是爱因斯坦思想与人格的崇拜者。当时爱因斯坦住在比利时奥斯坦德附近海滨小镇勒科克，国王和政府竭尽全力地保护着他的安全，当局甚至禁止勒科克的居民向任何人提供关于他的住处的消息。因为他在希特勒的黑名单上是被通缉的学者中的第一号人物。

德国曾出版了一本大画册，印有希特勒制度的敌人，第一页就是爱因斯坦的照片，还加了附注，历数他的罪行，末尾还有一句话：尚未绞死。

纳粹要求普鲁士学会开除爱因斯坦教授，遭到了普朗克会长、伦斯特博士和许多老科学家的抵制。德高望重的普朗克教授，受到了不可一世的希特勒的狠狠训斥。

爱因斯坦知道纳粹是一批人面兽心的家伙，不能让朋友们为他遭到不幸，所以主动写了辞职书寄给普鲁士学会。同时，他还给老朋友劳厄教授写了一封信，信中写道："阁下您劝我，说科学家对政治问题应当默不作声。我不赞成您的

观点。德国的情况表明，这种克制是对人类事务缺乏责任心的表现。试想，要是乔尔·丹诺、布鲁诺、斯宾诺莎和伏尔泰都这样想，那么我们今天会在哪儿生存呢？"

"阿尔伯特，对尊敬的劳厄先生，是不是言重了？"写信时，伊丽莎在一边说。

"他不会生气的，我确信。"爱因斯坦对妻子说，"我对我说过的话，一个字也不后悔，而且我也相信我的行为是在为人类服务。"

爱因斯坦拿起笔来，冷静地写下了自己的声明。他要讲明事情的真相，要让全世界知道，扼杀科学和文化的罪魁祸首是谁。

爱因斯坦庄严地声明："我向报界发表过的声明所涉及的是我打算辞去我在科学院中的职位，并且放弃我的普鲁士公民权；我所以要采取这些措施，是因为我不愿意生活在个人享受不到法律上的平等、也享受不到言论和教学自由的国家里。"

"我准备对我所发表过的每一个字负责。"

爱因斯坦的辞职引起了轩然大波。普朗克再一次挽留他，劳厄为他辩护，伦斯特感到惋惜……普朗克在科学上很

有造诣，在生活上为人善良、正直，但是在政治上，有很多事情看得不明白。

对于爱因斯坦这样一位伟大的科学家，就让他这么被赶走吗？普朗克想不通，他天真地以为这只是一些人头脑太热。于是，八十多岁的老科学家亲自请求会见希特勒，他想劝说希特勒。

由于普朗克德高望重，希特勒接见了他。一开始，希特勒默默地听着普朗克的请求，没过几分钟，希特勒歇斯底里地尖声叫喊，跺着脚，挥舞着拳头，几乎打到老教授身上。

希特勒尖声叫喊着说，消灭德国的敌人是一个宏伟的目标，他绝不放弃这个目标，绝不！

普朗克踉踉跄跄地从元首的办公室里退出来，这一次，他彻底灰心了。他回到家里，写了一封非常伤感的信，说他再也不希望活过这个讨厌的时代了。他辞去了自己在科学院的职务，称病不出。

普朗克不知道，希特勒在他走后，怒气冲冲地说，要不是看他这么大岁数，真该把他关到集中营里去。

在第二次世界大战严酷的岁月里，普朗克仍然正直地、而且出于科学家的良心，秘密地帮助处境艰难的犹太人，帮助他们逃离这个可怕的国家，而绝不为希特勒的侵略政策出力。他的儿子勇敢地参加了反对希特勒的地下斗争，献出了自己的生命。

◎普朗克：德国物理学家，量子物理学的开创者和奠基人，1918年诺贝尔物理学奖的获得者。

可惜的是，普朗克的住宅

1944年在空袭中被炸毁，他的全部手稿、书籍、资料全都被毁，这是科学界的重大损失。

第二次世界大战以后，为了纪念这位可尊敬的老人，德国皇家学会改名为普朗克学术协会。

劳厄在第二次世界大战中，拒绝参加任何和军事有关的工作，拒绝参加拥护纳粹的集会。1943年，他被纳粹当局强迫退休。

> ◎劳厄：德国物理学家，因发现X射线在晶体中的衍射获得了1914年的诺贝尔物理学奖。

第二次世界大战以后，普朗克、劳厄被人们尊重地称为维护学术尊严的真正的人、真正的科学家。他们和爱因斯坦继续保持着终生的友谊。

✳ 为保护人类文明而斗争 ✳

在希特勒的统治下，德国变得越来越疯狂，越来越黑暗。狂热的冲锋队长成为德国的科学教育与文化部长，他夸口说：一夜之间可以使"学校不再成为一个玩弄学术的机构"。希特勒颁布法令，禁止犹太人担任政府公职和教师。

1933—1938年的五年间，从大学解雇了2800名教授和讲师，里面有许多都是卓有贡献的学者，有的是诺贝尔奖获得者，这些人占了大学教师总数的四分之一。许多犹太籍的学者逃往国外，其中有西拉德、迈特纳……

1933年5月10日，成千上万狂热得昏了头的大学生、中

学生，举着火把彻夜游行，他们分成许多队伍来到柏林大学对面的菩提树广场，把随身带来的一本又一本书扔到一个大书堆上，那些书有些是图书馆的，有些是自己家里的，他们高声唱着纳粹的进行曲，喊着口号，把火把一个接一个地扔到书堆上。火熊熊地烧起来，学生们欢呼着，往火堆中继续扔书。黑色的纸灰被炽热的气流卷起来，满天飞舞，落满了整个广场。

鼓动学生烧书的，是纳粹的宣传部长戈培尔。他亲临现场指挥，兴奋得手舞足蹈。

他向那些年轻的男女学生发表即席讲话，他说："德国人民的灵魂可以再度表现出来。在这火光下，不仅是一个旧时代结束了，也是一个新时代的开启。"

这是人类历史上最悲惨、最愚昧的一幕。被这些愚蠢而狂热的学生们烧掉的两万多册书里，有马克思和恩格斯的，有德国文学家茨威格·托马斯曼的，有英国文学家威尔斯的，法国文学家都德、佐拉的，美国文学家杰克·伦敦的，奥地利精神分析学家弗洛伊德的，还有阿尔伯特·爱因斯坦的著作，甚至连爱因斯坦的手稿也被搜寻来焚烧。

被火焰吞没的，正是人类最宝贵的精神财富，是人类的文明。这场大火宣告的"新时代"，是法西斯统治下反动、愚昧和侵略战争的最黑暗的时代。

焚书之后，爱因斯坦的著作和许多书籍，在德国被禁止出版。

法西斯的倒行逆施，引起了全世界人民的反对。在遥远的中国，宋庆龄、鲁迅等人

◎倒行逆施：原指做事违反常理，不择手段。现多指所作所为违背时代潮流或人民意愿的行为。

爱因斯坦
AI YIN SI TAN

愤怒地来到德国驻上海总领事馆，提出了严正的抗议。鲁迅在一篇杂文中犀利地预言，秦始皇烧书，二世亡；希特勒烧书，恐怕"不必二世"。

在第一次世界大战以后，爱因斯坦曾经号召拒绝服兵役以反对扩军备战。如果德国法西斯露出了狰狞的本相以后，青年们怎么办？

有两个比利时青年仍然坚持："爱因斯坦说过，应该拒绝服兵役。"他们宁愿被警察戴上手铐，也不去服兵役。曾担任过爱因斯坦私人秘书的纳翁曾写信给爱因斯坦，请他出面营救这两个青年。

比利时国王阿尔贝特和王后专程拜访爱因斯坦，请他对这个问题表明态度。爱因斯坦和他们谈了很久，爱因斯坦明确地说："在由德国的事变所造成的目前的险恶情况下，比利时的武装力量只能看做是防御手段，而不是侵略工具。而且现在，这种防御力量时刻都是迫切需要的。"

爱因斯坦亲笔给纳翁回信，他说："如果我是比利时人，在目前情况下，我不会拒绝服兵役，相反地，我会高高兴兴地参加这种服役，因为我相信，这样做我就是在为拯救欧洲的文明效劳。"他明确而坚定的态度，鼓舞了为正义、和平而斗争的人们。

爱因斯坦态度的巨大转变，引起了一些老朋友的误解。有人认为他放弃了和平主义，甚至有人说他成了"叛徒"。爱因斯坦坦然地回答朋友们：西欧各国"不应当不武装起来而坐等别人攻击，它们必须做好充分准备"。

历史的发展证实了爱因斯坦的预言。仅仅过了6年，1939

年9月1日，希特勒大举进攻波兰，挑起了第二次世界大战。又过了8个月，德国毁掉对比利时中立的许诺，以330万军队侵入比利时，尽管比利时全国也不过八百多万人，但是比利时的人民进行了英勇顽强的抵抗。

可惜的是阿尔贝特一世国王那时已经去世，他的儿子利奥波德国王在几天的战斗之后就宣布投降了。

德国派来一批又一批特务企图暗杀爱因斯坦，在比利时不能住下去了。

比利时警察局宣布，爱因斯坦将前往拉丁美洲。实际上，在严密的保护下，爱因斯坦于1933年秋天到达伦敦。他应邀参加"救亡者援助基金会"组织的会议，在会上发表了《文明与科学》的讲话。

伦敦警察厅得到了确切的情报，企图暗杀爱因斯坦的德国特务已经到达伦敦。

警察厅下令对会场进行严密戒备，注意每一个参加会议的人，还要注意过往行人。每个警察都捏着一把汗。

爱因斯坦泰然自若。他向着1万名听众大声疾呼："自由处在危险之中。"他强调指出："今天的关键问题是，我们怎样去拯救人类和它的文化遗产？怎样来保卫欧洲，使它不再遭受另一次灾难？"

绝大多数听众都从爱因斯坦的讲话中汲取了力量。

在听众中间，还有一个满脸皱纹、神色黯淡的老人，他不敢往讲台上看，但又不得不看。他认识爱因斯坦，他是爱因斯坦在柏林科学院多年的同事。他就是弗里茨·哈贝尔，发明化肥的著名化学家，正是他，在第一次世界大战中发明了糜烂性毒气，还发明了窒息性毒气。

他的发明夺去了数十万人的生命和更多人的健康。他曾经以这些为光荣而看不起爱因斯坦为和平进行的努力。但是，如今纳粹分子根本不管他的这些"贡献"，只因为他的犹太血统，照样把他扫地出门。望着爱因斯坦，他百感交集。无穷无尽的懊悔和煎熬，使他吃不下饭，睡不着觉，甚至不敢抬起头来正视人们的眼睛。

是啊，如今，爱因斯坦受到了千百万人的敬重，他呢？卢瑟福拒绝和他握手，说他的手上沾满了鲜血，说他践踏了科学家的荣誉。

爱因斯坦并不知道台下坐着哈贝尔。过了不久，爱因斯坦在报纸上看到，哈贝尔参加了那次会议。后来，有的报纸上说他心脏病发作而亡，有的则说他在旅馆里绝望而痛苦地自杀了。

爱因斯坦来到法国。当时，居里夫人病得很严重，爱因斯坦坐在她的病床前，长时间紧紧地握着她那苍白的手。

告别了法国的朋友们，爱因斯坦乘坐轮船前往美国。大西洋上是怒吼的狂风，是一排排呼啸的巨浪，轮船剧烈地颠簸着，艰难地行进着。

欧洲大陆被咆哮的海洋遮住了。爱因斯坦饱含深情地向东望着。

这是他出生的地方，也是他生活和工作了五十多年的地方。那里，将会有一场可怕的风暴。爱因斯坦已经尽了自己最大的努力，他还将继续奋斗。

诲人不倦的教授

1933年秋天，爱因斯坦悄悄地来到美国新泽西州普林斯顿，应聘于普林斯顿大学。

玛莎街112号是一幢两层的小楼房，伊丽莎喜欢这里。因为楼房前面有小院子，后面有大花园，是典型的柏林居所风格。楼上是爱因斯坦的书房，站在落地式大窗户前，可以看到街的两头。

"伊丽莎，我在这里又找到寂寞的感觉了。"爱因斯坦叼着空烟斗说。戒烟后，这是他的习惯动作，"你知道，我一生喜欢寂寞和孤独，讨厌空虚。"

"可是良心，又让你过问整个世界的事。"伊丽莎望着丈夫突然说，"阿尔伯特，这几年你老多了，鬓角全白了。"

"你我相视着，一起慢慢变老，很有意思。"爱因斯坦凝视着妻子说。

"我有种预感，我们将在这里终老。"伊丽莎低声说，"阿尔伯特，这些时候我总是在想，如果我先走了，你一个人怎么生活？"

爱因斯坦颤抖了一下。这个问题他从没有想过，更没有注意到妻子在轻轻揉着胸口。

普林斯顿迎来了一位世界名人，全市的人都感到荣耀。人们都知道希特勒的特务机构在追杀爱因斯坦。所以一旦出现陌生人，全城警觉的目光都会注视他。当爱因斯坦出门散

步的时候，除了警署派出的贴身便衣外，总有一些年轻力壮的市民，不远不近地护送着他。

爱因斯坦不再任教了，他的主要工作就是理论研究。当年在德国，由他资助读完柏林大学的犹太天才青年英费尔德，后来成了加拿大多伦多大学执教的著名物理学家。他从盖世太保集中营逃跑到美国，成了爱因斯坦的得力助手。

爱因斯坦指导英费尔德和霍夫曼教授合作，研究广义相对论的运动理论；还和波多尔斯基博士、罗森教授合作，在量子力学领域发表了一系列论文，驳斥哥本哈根学派的论点。

1938年，爱因斯坦和英费尔德合作的《物理学的进化》在纽约出版了。这本书虽说只有十六七万字，但是非常准确地叙述了从经典物理学到现代物理学的进化。书里深入地分析了理论，但是写得通俗易懂，妙趣横生。翻开第一页，第一个小标题是"奥妙的侦探故事"，这是物理学的理论专著吗？读者一下子被生动的描写吸引住，爱不释手地一页一页读下去。全书没有一个地方引用艰深生涩的公式，倒是加了不少插图。只要有高中物理程度的读者都能读得懂。读完这本书，对于相对论、量子力学都会有一个基本的了解。这本书立刻受到了人们热烈的欢迎。此书出版以后，一抢而光，多次再版。

顺便说一句，这本书在1947年第一次译成中文出版，1962年重新翻译后由上海科学技术出版社再次出版，已经重印了很多次。在许多学校的图书馆里，许多人家里的书架上，你都能看到这本草绿色封面的书。

第六章
正义光辉的人生

普林斯顿大学确实是一个进行科学研究的好地方。这里到处是浓郁的绿荫，青翠的草地，远远离开城市的喧哗，离开了大工厂刺耳的噪声和污浊的空气。爱因斯坦希望专心致志地进行研究，寻找引力和电磁力之间的秘密。

普林斯顿恳切地欢迎爱因斯坦。在谈到薪金的时候，学校负责人弗莱克斯先生小心翼翼地问："您看，多少合适呢？"

爱因斯坦漫不经心地说："一年3000美元，大约可以了。"

弗莱克斯先生惊讶了，他没有想到这样著名的教授，只要求如此之低的工资。他急忙说："不行，不行，这和教授的身份太不相称了。"他提出，每年16000美元。

爱因斯坦同意了。要再多的钱，有什么用呢！

他需要的是时间，是工作。

普林斯顿很多人都听说过，爱因斯坦的书多得很。有一次，为了从书里找一份资料，他随手拿起一张长方形的纸片夹进去当书签。旁边的人提醒他："教授先生，那是一张支票。"

爱因斯坦耸耸肩，知识更重要。

这本书后来无论如何也找不到了，传说那张支票面额是1500美元呢。

广播电台想请爱因斯坦发表演说。爱因斯坦要问清楚，如果是为了和平而呼吁，为了反对侵略而讲话，他一定去。如果是为了商业利益，他不去。讲一分钟给1000美元，他也不去。他说："我不需要钱。"

大学生们由衷地尊敬爱因斯坦，他们编了一首歌曲，唱着自己的老师：

> 谁的数学最好？
> 谁爱上了微分和积分？
> 谁从来不喝酒，只喝清水一杯？
> 那就是爱因斯坦老师。
> 我们的老师饭后不去散步，
> 他的时间无比宝贵，
> 我们恳求万能的上帝，
> 把老师的头发剪短理顺。

这首歌唱的的确是真情实景。

爱因斯坦对大学生们的提问，回答得热情而又详尽，学生们怎能不欢迎？他的一些风趣而幽默的回答，更是广为传诵　例如，有一次，爱因斯坦被要求用最简短的语言解释相对论，他说："如果你和一个漂亮可爱的姑娘在一起过两小时就像过短短的10分钟；而如果你和一个最厌恶的人勉强在一起，过10分钟就像过了两小时，这就是相对论。"他的解答引起了所有大学生的开怀大笑，成为一则有趣的故事。

在中国的高中英语课本里，有这样一篇课文，引述了一位女士对爱因斯坦的回忆。

"我永远忘不了那一天，猛地看见一个相貌滑稽的男人朝我走来。我记得，他满头乱糟糟的白发，好像带了电似的。他个子不高，衣服好像毯子一样包裹着他。他长着一个

大鼻子，又短又浓密的胡子，眼睛深陷。他仿佛在凝视着，思考着，差点撞倒我。他对我友好地笑了笑，然后又继续思考着什么接着走了。我注意到他只穿着卧室里才穿的拖鞋，他忘了穿皮鞋。看上去，他好像是刚从我的一本童话书中走出来，像一个幽灵一样走过我的身边。那天晚饭的时候，我向家里人讲述了那个古怪而又可笑的男人。我看见父亲放下他的刀子和叉子，对我严肃地说：'孩子，记住他，你今天亲眼看见了世界上最伟大的人。'"

课本里这个相貌滑稽的男人，就是爱因斯坦。

刚到普林斯顿住下不久，爱因斯坦不熟悉这里的街道，在散步的时候，又往往专心思虑问题，因此经常迷路，找不到自己的家。

一次，校长办公室接到一个电话，问爱因斯坦博士的家在哪里。

办公室的秘书相当紧张，这个打电话的男人声音陌生，还带有浓重的德国口音，会不会是法西斯派来的坏人？为了保护爱因斯坦的安全，秘书彬彬有礼地答复："很抱歉。"

电话里那个声音变低了，带着更为抱歉的语气说："我要向您道歉，我就是爱因斯坦博士，我把回家的路给忘记了。"

秘书这才如释重负地出了一口气。

爱因斯坦在普林斯顿有许多朋友。有一个妇女发现，她那12岁的女儿过去最害怕数学课，最近成绩有了很大提高，同时讲起数学来津津有味。

"你是怎么学数学的呢？"妈妈问。

"这很简单，在那幢房子里有一个白头发的老爷爷，他可和气了。我去问他数学问题，他给我讲得清楚极了，真有意思。他特别懂数学，跟讲故事一样，把x啦，y啦讲得就像猎人捉狐狸和狼一样，一下子就抓住找出来了！"女孩子讲得兴高采烈。

"你应该谢谢这位老爷爷。"

"当然了，我谢他，他说不用谢，让我经常去。我已经到他家去了好几次了。"小女孩得意地说。

妈妈忽然想到一个问题，她问女儿："这位白头发的老爷爷住在哪儿？"

女儿毫不犹豫地一指："喏，就是那儿，那幢房子。"

妈妈吃惊地拍了一下手，天哪，那是爱因斯坦教授的家！她决定马上带着女儿去道歉。

爱因斯坦笑眯眯地听完年轻母亲窘迫的道歉。年轻的母亲绞弄着双手，说自己的女儿实在太不懂事，耽误了教授这么多宝贵的时间，请教授千万要原谅她。

爱因斯坦亲热地摸着小女孩的头，说："您不用道歉，我帮助她学数学，她给我带来好吃的小甜饼。而且，我从她那里学到的东西，恐怕比她向我学到的还多。"

爱因斯坦和这个小姑娘的友谊维持了很长时间。

然而好景不长，伊丽莎的身体出现了问题。她的眼睛感到肿胀，视力下降，开始还以为是过度劳累，但是病情越来越重，医生认真地对她进行了全面的检查后，沉重地对爱因斯坦说："她的肾脏有病，心脏的情况也不好，必须绝对卧床，注意病情的每一点变化。"

医生开了不少药，打了各种针，但是伊丽莎的病情日益恶化。爱因斯坦尽量抽时间坐在她床前，想方设法照顾她。尽管遭受着病痛的折磨，但伊丽莎仍然为爱因斯坦的真情所感动。

她对来探访的朋友饱含着感情说："他被我的病弄得心烦意乱，失魂落魄。我从来没有想到他是那么地深爱着我，这使我深深感到安慰和幸福。"

1936年冬天，再有5天就要过圣诞节了，伊丽莎悄悄地离开了人间。

伊丽莎的死给了爱因斯坦很大打击。但是葬礼以后，爱因斯坦又投入了紧张的工作。英费尔德非常感动，他觉得，只要生命的火花还在爱因斯坦的身上燃烧着，就没有一种力量能把他和工作分开。

✳ 说真话的爱因斯坦 ✳

在生活上，爱因斯坦从来不追求享受，也不要求特殊照顾。但是普林斯顿的居民们都十分尊重他。爱因斯坦在街

道上散步的时候，有许多次遇到邻居或者陌生的过路人拦住他，请求给他拍张照片或者一起合影，爱因斯坦总是安详地回答："请吧。"然后，他静静地站在那里。

有一位画家几次请求给爱因斯坦画像，爱因斯坦都客气地谢绝了。最后画家难为情地说，画好爱因斯坦的肖像，可以帮助他至少是暂时地摆脱贫困。爱因斯坦心软了。他同意了画家的要求，连续几天，按照画家的要求摆好姿势。

有一次爱因斯坦和朋友一起去看电影，进了电影院才知道，还有15分钟电影才开演。爱因斯坦建议利用这15分钟再讨论几个问题，朋友同意了。走出电影院的时候，爱因斯坦向检票员不安地说："我们已经把票交给您了，您还能认得我们吗？"检票员笑了："是的，教授先生，我敢说我一定能认得出您来。"

综观爱因斯坦的大半生，他的家庭生活是不幸的。他的小儿子留在欧洲，不幸得了严重的精神病。伊丽莎的大女儿，一直和爱因斯坦一起生活，也病死了。爱因斯坦非常喜爱的妹妹玛雅，活泼而富于才华，在她丈夫去世以后回来投奔哥哥，住在普林斯顿，过了不长时间，也一病不起。一个又一个打击落在爱因斯坦身上。他顽强地抗争，把自己的精力全部用到科学研究上，把自己的感情献给了全人类。

爱因斯坦看到美国人民的善良、热情、富于探索和钻研的精神，看到美国高度发达的生产和科学技术。同时，他看到了美国严重的贫富悬殊和种族歧视。他对美国既怀着钦佩的心情，又为它的弊病忧虑。

由于罗斯福总统强有力的新政，美国从经济危机中解脱出来，经济又开始了迅速的发展。1938年决定在纽约召开一次规模空前的世界博览会。为此要修一座大型的现代化建筑，要开挖很深的地基。人们发现，这里的岩层特别坚固，都是非常坚硬的花岗岩。有人建议挖掘一个深井，里面放置一个钢铁制成的容器，这个容器要造得能经受高压，不怕腐蚀，不怕高温，也不会被水浸入，容器里面要装上一些文件，把这些文件留给五千年以后的子孙。那时候打开这些文件，就会知道我们这个时代的生活，这是何等有意义啊！

这个建议立刻得到了热烈的响应。

谁来写给五千年以后的子孙的信呢？当然要最有威望、最有影响力的人来写。

罗斯福总统亲自给爱因斯坦打电话，请他写一份100字左右的东西，尽可能扼要地把我们时代的思想感情写出来。当然，被选中的人不只爱因斯坦一个。每个人都有自己的写法。

爱因斯坦为这封信动了脑筋。他决定：写真话。不阿谀奉承，粉饰太平。不管1938年的人看了会不会高兴，要让6938年的人看了知道真实的情况。

爱因斯坦的信全文如下：

给五千年后子孙的信

我们这个时代产生了许多天才人物，他们的发明可以使我们的生活舒适得多。我们早已利用机器的力量横渡海洋，并且利用机械的力量可以使人类从各种辛苦繁重的体力劳动中最后解放出来。我们学会了飞行，我们用电磁波从地球的一个角落方便地同另一个角落互通信息。但

是，商品的生产和分配却完全是无组织的。人人都生活在恐惧的阴影里，生怕失业，遭受悲惨的贫困。而且，生活在不同的国家里的人民还不时互相残杀。由于这些原因，所有的人一想到将来，都不得不提心吊胆和极端痛苦。所有这一切，都是由于群众的才智和品格，比起那些对社会产生真正价值的少数人的才智和品格来，是无比的低下。我相信后代会以一种自豪的心情和正当的优越感来读这封信。

爱因斯坦写这封信的时候，西班牙内战正在激烈进行，1936年，法西斯势力在西班牙发动叛乱，挑起残酷的内战。德国和意大利法西斯派出几十万军队参战，同时给叛军送去一千多辆坦克、两千多门大炮和一千多架飞机。全世界人民关注着西班牙的战斗。爱因斯坦也注视着西班牙。西班牙人民英勇抵抗着受到德意法西斯全力支持的叛军。

在听到一个打胜仗的消息以后，爱因斯坦两眼放光，高兴地说："这真是天使的声音！"

纽约人民召开支援西班牙的群众大会，爱因斯坦因为有病没能参加，但他发出了电报表示声援。他在电报中说："我首先要大声疾呼，为拯救西班牙的自由，必须采取强有力的行动。我认为这是一切真正的民主主义者义不容辞的责任。"电报歌颂了西班牙人民可歌可泣的大无畏精神和英雄气概。大会宣读爱因斯坦的电报，受到了群众的欢呼。

1939年春天，马德里沦陷，西班牙共和国被内外夹攻的反动势力颠覆了，消息传来，爱因斯坦正在参加一个物理讨论会。讨论会开不下去了，教授们、学生们情绪非常激动。爱因斯坦低声说："这是一个结束。"

"什么结束？"一个学生问。

"凡尔赛和约所开始的那个时代结束了。"爱因斯坦说。是的，第一次世界大战以后的和平时代结束了。

学生静下来，听着爱因斯坦的讲话。"以后又会怎么样呢？是法西斯在欧洲取得胜利吗？不错，也许会的。但是，再以后呢？……"爱因斯坦说着，屋子里笼罩着可怕的寂静。

爱因斯坦接着说："这不是个悲剧吗？在这个时候，我们讨论着电子，而同一时刻，血流成河……我感到害怕，我为人类害怕！"

一个学生高声喊道："可是，世界上还有一种力量，向着好的方向。"

爱因斯坦注视着这个学生，他沉思着说："我知道您指的是什么。不错，这是唯一的方向。"

马德里沦陷，捷克斯洛伐克又被德国侵占，"万"字的阴影越来越浓厚，越来越黑暗，一场空前可怕的狂风暴雨，就要来了。爱因斯坦注视着社会。美国著名工人领袖托马斯·莫尼被警察当局诬陷为谋杀犯，判处死刑，后又改为无期徒刑。爱因斯坦写信对莫尼表示声援，又向加利福尼亚地方当局抗议，为莫尼和他的同志申冤。他为美国的种族歧视感到愤慨，他明确反对把黑人叫做"劣等民族"，他把种族歧视叫做"祸害"，号召人们团结起来把它战胜、克服。

1936年年底，中国的国民党反动当局蛮横无理地逮捕了沈钧儒、邹韬奋、李公朴、章乃器、王造时、沙千里、史良7个人，原因是他们响应中国共产党"停止内战，一致抗

日"的主张，在上海成立全国各界联合会，发表声明，要求国民党政府停止内战，释放政治犯，与红军谈判，建立统一的抗日政权。

国民党反动派给他们扣上了"危害民国"的罪名，对他们非法审判。全世界正义的人们声援七君子，向国民党反动派抗议，在抗议声中，其中有发自美国普林斯顿的阿尔伯特·爱因斯坦的抗议电报。

制造原子弹

1704年，牛顿把原子说成是上帝制造的，"紧密的、有质量的、坚硬的、不可进入的活动粒子。形状和其他性质，以及它们对空间的比例都最符合上帝制造的目的。"许多物理学家没有局限于牛顿的解释，他们反复探索着。

1897年，英国物理学家汤姆逊发现了电子。1909年，英国物理学家卢瑟福经过实验，提出了原子由原子核和核外电子组成。原子核很小，质量很大，居于原子的中心。电子带负电，原子核带正电。这样，两百多年前牛顿对原子的解释就被完全改变了。

1905年，爱因斯坦创立了相对论。他在《物质的惯性同它所含的能量有关吗》这篇短短的论文中，提出了一个极其重要的结论："物体的质量是它所含的能量的量度。"他说："如果有一物体以辐射的形式放出能量L，那么它的质量就要减少L／V。"

后来，他把这个公式写成$E=mc^2$。也就是能量＝质量×光速的平方。当时，很多人都不理解这个结论，也没有重视这个公式。

　　1938年，德国物理学家哈恩和迈特纳在做实验时，发现用一个中子轰击金属铀的时候，总会发现一些金属钡产生。这些钡是哪里来的呢？经过精确地分析，发现还有惰性元素氪的原子核。为什么在铀里面会有两种新的原子核出现呢？

　　迈特纳是位严肃认真的女物理学家，由于她的犹太人血统，她被迫从德国逃到瑞典。收到哈恩的信以后，她认真思索了实验的全部过程，她想：铀的原子核很重，很大，会不会是由于一个中子打中了它，使它分裂成大小相似的两个原子核？铀原子核里有92个质子。钡原子核里有56个质子，氪原子核里有36个质子，加起来，恰好是92个。而铀原子核里的中子数，再加上打进来的一个又相当于钡和氪原子核的中子数和新产生的两个中子数之和。很可能，是铀的原子核发生了裂变，裂成了两个。迈特纳把自己的研究成果写成论文寄到英国的《自然杂志》，在1939年1月发表了。

　　几乎同时，留在德国的哈恩也把自己类似的推测写成论文，在德国的《自然科学》杂志上发表了。他还指出，铀不仅会裂变成钡和氪，还会裂变成别的产物，例如氙、锶、铈等，同时放出2个到3个中子。这个实验立刻引起了全世界物理学家的重视，因为这个实验说明了铀核的裂变一旦开始，就有可能自动继续下去。1个中子使1个铀核裂变，放出2个中子，从而引起两个铀核裂变。然后又放出4个中子，引起4个铀核裂变，然后是8个、16个、32个、64个……10次就变

成1024个，20次变成1048576个，30次变成10亿个，40次变成1万亿个……这种反应叫做链式反应，而且是自动连续进行的链式反应，叫做"自持链式反应"。

在自然界里链式反应多得很。火炉里的煤和柴火都正在进行链式反应，一块煤燃烧的热量，引燃了周围的煤，一根木柴的火焰，点燃了其他木柴。至于森林火灾，那可以说是不可控制的相当严重的链式反应——一棵燃烧的树引燃了两棵、三棵，越来越多，直到整个大森林。原子核的链式反应，在1938年年底是第一次发现。特别值得注意的是：裂变前的铀原子的质量，略大于裂变后的产物，裂变时，有一点"小小的"质量的减少。这些质量变成什么了呢？变成了能量。这正是爱因斯坦在1905年就指出的$E=mc^2$。经过试验、分析、计算，每一个铀核裂变放出的能量为2亿电子伏特，而一个碳原子和两个氧原子化合成二氧化碳，也就是我们通常所说的燃烧，才放出几个电子伏特的能量，二者相比，差了几千万！如果1千克铀全部裂变，产生的能量等于2700吨煤完全燃烧时放出的能量。一辆解放牌卡车装5吨煤，540辆汽车装满的煤，要堆成多大一堆，它们完全燃烧时放出的能量仅仅相当于一个金属铀的小球，而这个小球直径不过4.7厘米，比乒乓球大不了多少。那么，链式反应是不是非常平稳，缓慢地进行，慢慢地放出这么巨大的能量呢？科学家们进行了实验，吃惊地发现，链式反应进行得非常迅速，每次核裂变的时间仅仅为50万亿分之一秒。那么，即使是进行1亿次裂变，才用了几十万分之一秒。在这么短的时间里，放出这么巨大的能量，那将是一次非常剧烈的大爆炸。

科学家们认真计算了一下，看着纸上的数字，不禁目瞪口呆。比乒乓球略大一点的1千克铀，如果发生迅速的链式反应而爆炸，相当于2万吨黄色炸药。也就是说，可以炸毁整整一座山峰，或者把一座几十万人口的城市炸得片瓦不留。这一切是真的吗？

　　许多科学家焦虑地看着这些数字。理论基础，是爱因斯坦的相对论，而实验呢？许多科学家在不同的实验室里重复操作，结果都一样。

　　这个发现会带来什么后果呢？

　　1939年，这个人类历史上的多事之年，许多国家的科学家都在非常紧张、非常认真地考虑这个问题。希特勒磨刀霍霍，他在5月份与墨索里尼签订了"德意同盟条约"，赤裸裸地宣布两国"决心并肩协力行动"，以取得他们的"生存空间"。威力强大的坦克、飞机源源不断地从德国军火工厂生产出来，举着万字旗的德国军队则紧张地进行着调动、布署。世界大战一触即发。德国的一些物理学家向德国陆军部写信建议，核物理学中最新的发现可能制成极强大的炸弹，"哪个国家最先使用它，将对其他国家占有不可超越的优势"。德国陆军部决定进行研究，如果法西斯制成了原子弹，会给全世界带来何等可怕的威胁……

　　匈牙利籍的物理学家西拉德也是从德国逃出来的，他对局势感到非常担忧。怎么才能引起美国最高领导人的重视呢？他想到了自己在柏林大学时的老师爱因斯坦。能不能请爱因斯坦给罗斯福总统写一封信呢？

　　西拉德在7月中旬一个炎热的星期日来到普林斯顿，但

是他忘了爱因斯坦住在哪幢房子里。尽管这座小城仅仅住着
1万多人，但是一家接一家地找，使西拉德精疲力尽。他差
点决定调转车头回纽约。为他开车的是美国年轻的物理学家
特勒，特勒说："还是再找一找吧。"他看见一个七八岁的
小男孩站在马路边上，于是怀着一线希望问："你好，你知
道爱因斯坦教授住在哪里吗？"太巧了，这个小男孩正好知
道，就把他们带到了爱因斯坦的家里。

　　爱因斯坦认出了西拉德。在柏林的时候，他曾经审阅过
西拉德的博士论文。为了避免冰箱冷却剂泄漏使用户中毒而
死的悲剧，他还曾经和西拉德一起设计过一种"磁力泵"，
并申请了专利，可惜因为噪声太大没有实际应用。

　　西拉德向爱因斯坦介绍了严峻的形势，他还谈了自己的
初步设想和计算。铀原子核剧烈的链式反应，有可能造成威
力非常强大的核武器，而既然他能想到这些，那些德国科学
家也能想到，如果德国人做到，那么……

　　爱因斯坦非常敏感地抓住了问题的实质，他说："我十
分愿意做任何需要我做的事。应该发出警报。"爱因斯坦非
常明确地说："即使最后被证明不过是个假警报，我们也应
该发出警报。"这使西拉德很受感动，他知道，有的人虚荣
心极强，最怕一句话说错了被当做笑柄，而爱因斯坦完全不
考虑自己，只想着世界和平的大事，真不容易啊！

　　西拉德建议，由爱因斯坦给比利时王太后伊丽莎白写
信，请她采取行动，防止德国人弄到比利时和比属殖民地丰
富的铀矿石。爱因斯坦有些为难。西拉德说，虽然阿尔贝特
一世国王去世了，但王太后是爱因斯坦的好朋友。爱因斯坦

的信一定能起作用。爱因斯坦想了想，就同意了。

西拉德还建议由爱因斯坦直接给罗斯福总统写信，说明局势的危险性，并建议在美国马上开展核武器的研究。爱因斯坦也同意了。

过了几天，西拉德和另一位物理学家特勒再一次来到爱因斯坦家。他们起草了一长一短两封给罗斯福总统的信，让他选择用哪一封信好些。爱因斯坦在两封信上都签了自己的名字，沉思着说："这将是人类第一次直接释放原子核的能量。"他好像在问自己一样继续说道："那么，我们有权利用大自然的这种牢牢藏着的，不让人们轻易得到的能量去杀人吗？"

"我们将只把它用在对法西斯的自卫上面。"

"但是，如果在炸弹造出来之前，法西斯已经被消灭了呢？"

几个物理学家互相对视了一下，他们说："那么，它将永远不用于战争。"

爱因斯坦仍然不相信，他坚持问道："能保证这一点吗？"

一位美国物理学家充满信心地说："这个国家的良心和名誉可以保证，罗斯福总统的名字可以保证。"

爱因斯坦挥了挥手，"好吧，好吧。两封信我都签了名，送哪一封信给总统都可以。我看，长的好些。"他最后意味深长地对西拉德说，"要想把事情做得过于聪明总是有问题的。"

爱因斯坦的信交给了罗斯福总统的科学顾问亚历山

大·萨克斯。这封信的主要内容是，由于发现了大量的铀可以产生原子核的链式反应，这样，就可能制造出极有威力的新型炸弹。因此，爱因斯坦建议美国政府密切注意事态的发展，抓紧进行有关的科学研究。

萨克斯拖了很久，没有来得及把信交给总统。爱因斯坦在信上签字以后整整一个月，1939年9月1日，希特勒发动闪电战，大举侵略波兰。随即对英、法宣战。第二次世界大战开始了。几千辆德国坦克隆隆驶过波兰富庶的平原，几千架德国飞机疯狂地俯冲、扫射和轰炸。波兰军队尽管兵力和装备悬殊，仍然奋不顾身地英勇抵抗。不到20天，波兰全境沦陷。法西斯德国的战争暴行揭开了自己身上的全部伪装。

10月11日，萨克斯见到罗斯福总统，他努力说服总统。罗斯福听他读完爱因斯坦的信，说道：政府出面，目前未必合适。萨克斯十分失望，回到了自己的住所。

晚上，萨克斯睡不着觉，他在屋子里走来走去，又走到室外，坐在长椅上，凝望着黑沉沉的夜空，那里还有一团团更浓郁的阴影。怎么才能说服总统呢？不能等着希特勒这个战争狂人首先掌握核武器啊！

第二天一早，萨克斯又来到白宫。罗斯福总统为大量的工作缠身，疲倦极了。他问萨克斯有什么想法。萨克斯看着墙壁上的一幅油画，上面是狂风中咆哮的大海，海面上疾驶着一艘鼓满了帆的舰船。他知道，罗斯福担任总统以前曾经是多年的海军军官。他说："我想讲一件历史事实。"

罗斯福总统同意了。

萨克斯说："130多年前，富尔顿发明了轮船，他知道

拿破仑想征服英国，就向皇帝陛下建议，建造一个舰队，不用船帆，不管刮多大的风，是什么风向，用蒸汽机做动力，可以横渡英吉利海峡，在英国的土地上登陆。拿破仑对这个建议置之一笑。他根本不相信舰船可以不用风帆。"

罗斯福不同意地说："美国总统可不想学拿破仑。"

"可是，柏林的那个冒险家，野心勃勃，想征服全世界。"萨克斯接着说。"英国的历史学家阿克顿曾经说过，如果拿破仑当时多动动脑筋，如果接受了富尔顿的建议，那么19世纪的历史，也许就会完全不同。"

> ◎拿破仑·波拿巴（1769—1821）：法兰西第一共和国第一执政（1799—1804），法兰西第一帝国及百日王朝的皇帝（1804—1814、1815），法兰西共和国近代史上著名的军事家、政治家，曾经占领过西欧和中欧的大部分领土，使法国资产阶级革命的思想得到了更为广阔的传播，在位前期是法国人民的骄傲，直至今日一直受到法国人民的尊敬与爱戴。

罗斯福非常认真地看着萨克斯，说："亚历克斯，你的意思是不能让纳粹把我们炸得粉碎。"他按了一下电铃，吩咐把助手叫进来。他对助手说："需要采取行动。"有着巨大而先进的科学技术和工业实力的美国行动起来了。

不只一个历史学家说过，法西斯德国仇视犹太人，歧视一切正直的知识分子，结果使得这么多杰出的人才来到了美国，他们为美国反法西斯战争做出了巨大的贡献，而德国的人才反而不足了。费米、西拉德、特勒，后来还有从丹麦逃出来的波尔……参加了研制核武器的工作。有许多人是诺贝

尔奖获得者。他们的领导者是富有才华的奥本海默。

第一座核反应堆开始运转了。铀的提炼和浓缩工厂开工了。美国研制核武器的工作抓得很紧。他们在和时间赛跑。全世界还有许多物理学家也在和时间赛跑。

东方的法西斯强盗日本，也关注着核武器；德国法西斯也在努力研究。他们派军队进驻挪威的重水工厂，控制了研究核反应必需的重水生产。一些科学家进行了具体研究，1942年春天向希特勒汇报。

有人问德国物理学家海森堡，能毁灭一个城市的炸弹有多大？海森堡把两只手比作一个杯子大小，说："就像一只菠萝那么大。"这说明，他们的研究水平和美国几乎一样。（美国的科学家认为像一个垒球那么大）。

德国法西斯疯狂的侵略、掠夺，遭到全世界人民的反对，在各条战线上，战斗都非常激烈。希特勒要求研制迅速见到成效的武器，对于可能要搞三四年才能见效的核武器计划不予重视。因此，德国的核武器研制计划搁浅了。还有一个原因是，一批正直的科学家用消极怠工的办法进行对抗，没有积极支持核武器的研制。

当时美国人并不知道德国和日本进展的实际情况，美国的核武器研制进展极其迅速。特别是1944年希特勒叫嚣什么"复仇武器"、"毁灭性的报复"，使科学家们更为紧张。后来才知道那是德国的导弹V-1、V-2，而不是原子弹。直到美国和英国军队1945年进攻到德国领土，俘虏了一批科学家并搜寻到有关文件，才明白德国的核威胁实际上并不存在。但当时，美国的原子弹已经进入了装配阶段。美国核武

器的研制工作总共动员了15万人，耗资20亿美元，但是，具体的研制工作，美国官方一直没有邀请爱因斯坦参加，因为有人觉得，爱因斯坦"有共产党嫌疑"。

尽管没有直接参加核武器的研制，爱因斯坦在进行科学研究的同时，紧张地注视着战局的发展。他积极号召募捐战时公债，他为苏联抗击德国法西斯侵略的艰苦卓绝斗争欢呼，他称赞十月革命以来苏联"非常惊人的发展速度，实在是史无前例"。他主张犹太人民团结起来，追求全人类的自由和幸福。他向华沙犹太人英勇的起义致敬，他愤怒地谴责德国法西斯犯下了最严重的反人类罪行。许多资料记载，爱因斯坦参加了美国海军部的工作，任科学顾问。在战胜狂妄骄横、不可一世的日本海军舰队的战斗里，在粉碎德国像狼群一样的潜艇的战斗里，也有爱因斯坦的一份努力和心血。

战争的局势日益明朗，到了1945年年初，已经不是德意日法西斯野兽扑向各国人民，而是一支支正义之师直捣法西斯巢穴的时候了。西拉德一直积极参加美国核武器研制的工作，他知道德国并没有研制成核武器以后，希望能制止美国核武器的使用。他又一次找到了爱因斯坦。

爱因斯坦同意他的看法，有如此巨大毁灭性威力的武器会给平民百姓带来巨大的损失。他们又写了一封给罗斯福总统的信，向他恳切呼吁。这封信静静地躺在罗斯福总统的桌子上。1945年4月12日，罗斯福总统突然去世了，他没有来得及读到这封信。继任的杜鲁门总统和他的一批助手不理睬这个呼吁，决心使用核武器。尽管德国在1945年5月9日无条

爱因斯坦
AI YIN SI TAN

件投降了，美国国务卿贝尔纳斯说，他深信，"原子弹在战争结束时将使我们处于一种发号施令的地位。"

1945年7月16日，第一颗原子弹在美国新墨西哥州的荒漠里试验成功；8月6日，美国空军的轰炸机把一颗原子弹扔在日本广岛。爆炸威力相当于大约两万吨黄色炸药。死于爆炸和放射性物质的共有20万人。3天以后，又一颗原子弹扔在长崎，死亡14万人。被炸死的人中，当然有凶狠骄狂的日本皇军，然而更多的是无辜的老人、妇女和儿童。

这个时候，苏联红军进攻盘踞在中国东北的日本侵略军，中国共产党领导下的八路军、新四军开展了大反攻，中国国民党的军队也开始了全线反攻。日本不得不于1945年8月15日宣布无条件投降。第二次世界大战以法西斯的彻底失败而结束了。但是，胜利的代价是极其巨大的。

爱因斯坦从广播里知道了一切。那一天下午，他正在客厅里，向沙发走去。秘书杜卡斯告诉他，一架美国空军的B-29轰炸机在日本广岛投下了原子弹。"哦！"爱因斯坦用德语惊呼了一声。他站住了，久久没有动。他的脸色是严肃的，也是痛苦的。

过了许久，他才说了一句："太可怕了。"

美国报纸连篇累牍地进行宣传，把爱因斯坦捧为"原子弹之父"。爱因斯坦说："要是我知道德国人制造原子弹没成功，我连手指头都不会动一下。"

有人说，爱因斯坦亲手按了按钮，才有了原子弹，有了广岛和长崎的轰炸。爱因斯坦听了非常痛心。他低声地、若有所思地、一个字一个字地说："是的，我按了按钮……"

争取世界和平

第二次世界大战结束了。各国人民付出了沉重的代价，但是并没有赢得安宁。美国当权派炫耀核武器的威力，企图长久地维持核垄断，让全世界屈服在美国的核威胁面前，而称霸全世界。

1945年10月，美国广播公司的时事评论员斯温采访了爱因斯坦，请他谈谈原子弹的问题。

爱因斯坦斩钉截铁地说："我不相信因为在战争中使用了原子弹就会毁灭整个人类的文明。"

记者问："那么，您认为应该由谁来掌握原子弹呢？由联合国吗？"

爱因斯坦摇摇头："我不认为原子弹的秘密应当交给联合国组织……原子弹的秘密应当移交给一个世界政府。"

"世界政府？"

爱因斯坦在这个问题上想得太简单了，他认为美国、英国、苏联把自己所有的军队交给世界政府，世界就能确立和平。他呼吁和平利用原子能。

1945年12月10日，在纽约豪华的华尔多夫——阿斯多利亚饭店里，举行着一年一度的纪念诺贝尔的集会。美国科学家从全国各地赶到会场，庆祝战争的胜利，和老朋友聚会。比起喜气洋洋、衣冠楚楚的同伴，爱因斯坦穿得非常朴素。他的头发全都白了。脸上仿佛刀刻一样满是深深的皱纹，但

是他的眼睛里不是欢欣和喜悦，而是忧虑。

爱因斯坦稳重地走到话筒前面，他简单回顾了炸药大王诺贝尔的历史，谈到核武器的问题，希望全世界的物理学家行动起来，为和平而斗争。他非常沉痛地说："到目前为止，我们既没有和平的保证，也没有《大西洋宪章》所许诺的任何自由的保证。"他加重语气说："战争是赢得了，但和平却还没有。"

手端着酒杯的科学家们安静下来，许多人认真地倾听着爱因斯坦的呼吁。也有人完全不以为然。

不久，英国前首相丘吉尔在美国富尔敦发表了著名的反共演说，指责苏联搞了一道"铁幕"，从此，开始了对苏联和其他社会主义国家的冷战。美国总统杜鲁门提出了"杜鲁门主义"，就是在经济上、军事上、在各个方面反对苏联，反对共产主义。国际局势再度紧张起来。

爱因斯坦大声呼吁，他发表讲话和文章，对美国许多政策提出尖锐的批评。他说："在看不见有军事威胁的时候，没有必要继续生产越来越多的原子弹，并在军事上每年耗费120亿美元。"他指出美国搞的实际是军国主义，他坚决反对美国发动一场对苏联的"预防性战争"。爱因斯坦还曾经多次呼吁建立一个世界政府来维持国际和平。他给许多人写信，希望他们支持自己的主张，促使各国与曾经追随法西斯德国的西班牙断交，捐款救济西班牙受到迫害的难民。

爱因斯坦一片赤诚，遇到的却是铺天盖地的诬陷和谩骂。辱骂爱因斯坦是"外国煽动者"！但也有正义的呼声支持他："1940年，爱因斯坦就宣誓成为美国公民了，他怎么成了'外国煽动者？'""如果说要求与西班牙断绝外交关系叫做发动战争，那么和独裁的佛朗哥政权友好，拥抱这个希特勒和墨索里尼的亲密朋友，就是热爱和平吗？"

1947年，在莫斯科出版的杂志《新时代》上，苏联科学院院长瓦维洛夫和其他三位科学家，突然发表了一篇致爱因斯坦的公开信。这几位科学家出于对美帝国主义的愤恨，对爱因斯坦的一些意见横加鞭挞，非常尖锐地指责爱因斯坦"走上了一条错误和危险的道路"，说他关于建立世界政府的意见是"政治奇想"，只会有利于"真诚的国际合作和持久和平的不共戴天的仇敌"。

美国那些反苏反共的勇士们高兴极了，他们的政策一再受到爱因斯坦的反对，他们多次造谣说爱因斯坦是"共产党的奸细"，是"共产主义煽动家"、"危险分子"。如今，苏联人也来斥责爱因斯坦，他们真是求之不得。

爱因斯坦十分冷静地读完了苏联科学家的公开信。他写了长长的一封信答复了怒气冲冲的苏联科学家，在信里诚恳地谈了自己的认识。他又一次解释了关于建立世界政府的想法。今天看来，爱因斯坦有些想法太天真了，但是他真诚的态度使得矛盾没有激化，那些满心希望看热闹的资产阶级政客们大大地失望了。

1950年，美国威斯康星州参议员麦卡锡发表演说，煞有介事地说，共产党在美国政府的高级机构中进行颠覆活动。他极其愤慨地宣称，已经有205个共产党员渗入了美国国务院，可他指不出任何一个人的姓名。他号召要坚决肃清一切共产党员、一切共产主义分子。他一会儿指责这个研究所是

"颠覆活动的堡垒"，一会儿又说那所大学里的教授是"危险分子"。一时间，美国上空黑云滚滚，阴霾满天。"亲共"、"反美"的大帽子扣在谁头上，谁就有可能被解雇、被逮捕、被扣押。麦卡锡和他的追随者们要求每一个政府公职人员，每一个教师要进行"忠诚宣誓"，不然就有失业的危险。一提起麦卡锡一伙操纵的"非美活动调查委员会"简直让人浑身起鸡皮疙瘩。

在麦卡锡主义甚嚣尘上的时候，一位名叫弗芬恩格拉斯的教师给爱因斯坦写信，说他受到美国众议员"非美活动调查委员会"的传讯，要审问他的政治信仰等，他向爱因斯坦请教，怎么对待这件事。

爱因斯坦毫不犹豫地提笔回信，他在信中说："我国知识分子面临的问题是非常严重的。反动政客在公众眼前虚晃着一种外来的危险，借此来引起他们怀疑一切理智的努力。到目前为止，这伙人是得逞了，现在开始来禁止教学自由，对于一切不肯证明自己是顺从的人，就剥夺了他们的职位，也就是说要饿死他们。

"为了反对这种罪恶，只居少数的知识分子应当怎么办呢？老实说，我看只有按照甘地所主张的那种不合作的革命方法去办。每一个受到委员会传讯的知识分子都应当拒绝作证，也就是说，他必须准备坐牢和准备经济破产。总之，他必须准备为他和祖国的文明幸福的利益而牺牲他的个人幸福。

"如果有足够多的人下决心采取这种严肃的步骤，他们就会得到胜利。否则，我国知识分子所应当得到的，绝不会

比那个为他们准备着的奴役好多少。而这封信没有必要当做是'机密'的。"这等于向麦卡锡主义公开宣战，为维护民主和自由而战！爱因斯坦对一切迫害都置之度外！

不久，这封信在《纽约时报》上发表了，在美国引起了巨大的反响。许多人本来只敢窃窃私语，对麦卡锡不满，如今，他们看到了一个光辉的榜样，一个正直勇敢的老人，为他们举起了正义的旗帜。

麦卡锡气急败坏，亲自出马，破口大骂："谁要是像爱因斯坦那样给人出主意，他就是美国的敌人！"

有人把这些人的讲话告诉爱因斯坦，为他的处境感到忧虑。没想到爱因斯坦反而笑起来："老骗子手！哈哈哈，我是一个老骗子手！"

得克萨斯州圣安东尼市的一位汉斯小姐，领导着一个"警觉妇女团"的组织。汉斯小姐决心响应麦卡锡参议员，和共产主义进行斗争。怎么斗争呢？她想来想去，必须把图书馆里所有共产主义的书籍全部烧掉，一本也不剩。汉斯小姐真是博学多才，她决定烧掉的，有爱因斯坦的《相对论》，还有英国诗人乔叟的《坎特伯雷故事集》等。汉斯小姐认为烧毁这些书籍的火焰可以拯救美国。唉，她没有查一查，乔叟的书写于1387年，又过了460年才出现了真正宣传共产主义的《共产党宣言》。而《相对论》里没有一句话，没有一个词说到共产主义。

听到这个消息，爱因斯坦苦笑了。他想起来，仅仅20年前，在柏林的大街上，就烧过一次《相对论》。结果怎么样呢？焚书，救了法西斯的命了吗？

不久，又发生了一件事。奥本海默是美国著名物理学家，从一开始，他就是美国研制核武器工作的领导人。他既有极为丰富和精辟的科学知识，又有很强的组织能力，同时，他主张民主和进步。美国的反动势力不喜欢他，就抓住一些莫须有的理由，什么奥本海默有一个女朋友曾经是共产党员等，悍然解除了他的一切职务，不许他接触任何秘密，只给他保留了普林斯顿研究院院长的职务。

　　爱因斯坦和奥本海默是同一个研究院的同事。他非常气愤，连续三次在《纽约时报》上发表文章，抗议对奥本海默不公正的做法。爱因斯坦明显地衰老了。他的头发已经变得雪白。一连串的事件使他的心情难以平静。

　　《记者》杂志访问这位年迈的科学家，想听取他的意见。记者问爱因斯坦："您最近读关于美国科学家处境的文章了吗？您有什么意见？"

　　爱因斯坦的眼睛依然明亮，他说："我不想去分析这个问题，而只想用一句简短的话来表达我的心情。"

　　记者的笔沙沙地记下爱因斯坦的话，教授将会怎么回答呢？

　　爱因斯坦沉痛地说："如果我重新是个青年人，并且要决定怎样去谋生，那么，我绝不想做什么科学家、学者或者教师。"

　　记者不禁瞪大了眼睛，爱因斯坦教授已经75周岁了，他创立相对论已经半个世纪了，他是举世闻名的伟大科学家，他为什么说不想做科学家呢？他想做什么呢？

　　爱因斯坦心情沉重，他一字一句地说："为了希望求得

在目前环境下还可以得到的那一点独立性，我宁愿做一个管子工，或者做一个沿街叫卖的小贩。"

记者握不住自己手里的笔，他感动得简直不敢相信自己的耳朵，大滴大滴的泪水滚落下来。

爱因斯坦的话，是对美国反动势力最强烈最愤怒的抗议。二十多年之前，为了躲避德国法西斯的迫害，为了有一个比较好的科研环境，他远渡重洋来到美国。为美国、为世界做出了重大的贡献。但是如今，他受到的迫害和创伤难道还少吗？爱因斯坦想到自己尊敬的哲学家斯宾诺莎，他生活在18世纪，坚决不在海德堡担任教授，哪怕是生活陷于贫困。这不是向邪恶投降，而是维护崇高的原则！爱因斯坦又想到追求真理不怕迫害的哥白尼、伽利略，想到被活活烧死也不向愚昧和迷信的宗教势力屈服的布鲁诺……爱因斯坦和他们一样，无畏地维护着正义。

爱因斯坦的话，使许多美国人扪心自问，有的人感到自豪，有的人感到羞愧。有趣的是，美国的"管子业工会"的理事们读了这篇报道，一致通过了决议，授予爱因斯坦"荣誉会员"称号。

爱因斯坦年龄越来越大，精力大大不如以前了。病痛开始不断地折磨他。英费尔德来探望爱因斯坦，问他究竟是怎么得的病。爱因斯坦笑了笑，不在意地说："啊，那很好办，等医生做解剖的时候就会把病因找出来。"

爱因斯坦晚年一直致力于统一场论的研究。最初，他努力把引力场和电磁场统一起来。后来，又发现了原子核中的强作用力和弱作用力，需要解释、探索的问题越来越多，解

决问题的难度越来越大。许多物理学家劝爱因斯坦不要再干下去了，工作徒劳，希望渺茫。爱因斯坦却坚持着，他把建立统一场论称做"一种谨慎的希望"，争取找到"一个更完全的量子理论的钥匙"。

有些科学家为爱因斯坦惋惜，如果不搞统一场论的研究，也许可以出许多其他的成果。爱因斯坦不同意他们的意见。他早就说过，有些科学家在木板上钻孔，专挑木板最薄的地方，他不同意这样做。他相信大自然是有规律的，绝不会是杂乱无章的。他还曾经说，关于统一场论，"我完成不了这项工作；它将被遗忘，但是将来会被重新发现"。

爱因斯坦逝世三四十年以后，一系列实验有力地支持了统一场论。统一场论的思想以新的形式显示了它的生命力，为物理学未来的发展提供了大有希望的前景。

1951年，爱因斯坦给比利时王太后伊丽莎白写信，怀念他们保持了18年的友谊。他在信的最后不无伤感地说："小提琴已经收起来了，时间过得这样快，再去品味自己的演奏，愈来愈觉得不堪入耳。我希望您不至于遭受同样的命运。我面前还有许多科学难题需要努力去解决。这项工作最吸引人的魅力将持续到我的最后一息。"

沉重的晚年

1953年，爱因斯坦接到从巴黎寄来的一封信。信封上的笔迹很熟悉，是谁来的信呢？拆开信，第一行字就让他感到

非常激动，啊，是他们，是我的老朋友。信里写着：

敬致我们科学院无比敬爱的院长：

我们这个举世闻名的科学院今天开了一个忧伤而肃穆的会议，虽然您缺席了，还是给您留着席位。这个席位我们始终使它保持温暖。等着，等着，一再等着您的来临。哈比希特，我，这个光荣的科学院的往昔的成员，当看到应该由您坐着的那个空席位的时候，也忍不住老泪纵横。留给我的，只有向您表达我的最微不足道、但最诚挚的衷心祝愿。

M·索洛文

爱因斯坦立刻回想起半个世纪以前的一个春天，在瑞士的伯尔尼，他们几个伙伴在咖啡馆里，在家里，读着一本又一本哲学、物理学和数学著作。伙伴们争先恐后地发言，互相打断，互相争论。那时候，他们是多么年轻，精力充沛，朝气蓬勃。朋友们决心探索大自然的奥秘，他们把自己叫做"奥林匹亚科学院"，推举爱因斯坦作院长。

五十多年过去了，这个世界变化多大啊。两次世界大战，毁灭了多少纯洁的生命，多少美好的理想，人类社会艰难地向前发展着。而几个老朋友呢？他们还是昔日的模样吗？爱因斯坦搔了搔自己的白头发，想着，他们也都七十多岁了，也该是老态龙钟，但是感情仍然是那样真诚，那样炽热。爱因斯坦决定给老朋友回一封信。信中这样写道：

敬致不朽的奥林匹亚科学院：

在你生气勃勃的短暂生涯里，你曾以孩子般的喜悦，在一切明朗而有理性的东西中寻找乐趣。你的成员把你创立起来，目的是要同你的那些傲慢的老大姐们开玩笑。他们这么做是多么正确，我通过多年的细

心观察，懂得了对此作出充分的评价。我们三个成员至少都表现得坚韧不拔的。虽然他们都已经有些老态龙钟，可是你所闪耀的明亮耀眼的光辉依然照耀着我们孤寂的人生道路；因为你并没有同他们一起衰老，而却像蓬勃生长的生菜那样繁荣茂盛。我永远忠诚于你，热爱你，直到学术生命的最后一刻！

现在仅仅是通讯院士的阿尔伯特·爱因斯坦

普林斯顿

1953年4月3日

　　1955年来到了，爱因斯坦已经76岁。新年的第一天，爱因斯坦收到了比利时伊丽莎白太后的新年贺电。他马上提笔回电，向老朋友致以最热忱的问候和最亲切的祝愿。在回电里，他也不忘愤慨地批评了美国重新武装西德。

　　爱因斯坦对于当时美国的国务卿约翰·杜勒斯十分反感。杜勒斯的外交政策的特点是极端僵硬而顽固地反对共产主义，经常鼓吹利用核武器"大规模报复"和"战争边缘政策"，把世界弄得一片紧张。

　　美国一些退伍军人组成了一个法西斯组织"效忠于美国全国委员会"，指名道姓地攻击爱因斯坦是"颠覆分子"。爱因斯坦给他们写了一封回信，毫不客气地指出正是他们这些人"倒真是名副其实的颠覆分子！"

　　美国研究科学史的专家贝纳德·柯亨于4月3日拜访爱因斯坦，请他谈谈关于牛顿、关于科学发展的问题。

　　爱因斯坦和柯亨谈了很长时间，他说，他永远钦佩牛顿。在他的《自传》里，爱因斯坦充满感情地说道："牛顿

啊，请原谅我；你所发现的道路，在你那个时代，是一位具有最高思维能力和创造力的人所能发现的唯一道路。你所创造的概念，甚至今天仍然指导着我们的物理学思想。虽然我们现在知道，如果要更加深入地理解各种联系，那就必须用另外一些离直接经验较远的概念来代替这些概念。"爱因斯坦把自己科学上的成就和牛顿联系起来，这不禁使人想到牛顿在临终的时候说，自己是站在巨人的肩上。那么，爱因斯坦也是站在牛顿这位巨人的肩上。

但是，爱因斯坦也实事求是地向柯亨指出前人的弱点，牛顿的虚荣，还有牛顿与神学的关系。在谈话中，他不时爆发出爽朗的大笑，谈起问题来观点鲜明，分析非常深刻。

英国哲学家罗素起草了一份宣言，题目叫《科学家要求废止战争》。有的科学家不愿意在宣言上签名，不知道是不是怕得罪美国政府。4月5日，宣言送到爱因斯坦手中，他很快郑重地签上了自己的姓名。随后，美国、英国、法国、日本一批科学家都签了名。

这份宣言呼吁全世界普遍裁军，呼吁禁止并销毁核武器，尤其是氢弹。宣言的最后一句话庄严地敦促各国政府"寻求和平办法来解决它们之间的一切争端"。

爱因斯坦在宣言上签字后两天，就因腹部剧痛被送进了医院。

1955年4月13日，爱因斯坦的右脸部感到阵阵剧痛，还出现了别的症状。医生们诊断是主动脉瘤，并建议他动手术。他拒绝了。他知道，自己应该走了。自从1917年那场大

病以来，他一直有胃痉挛、头晕恶心和呕吐的毛病。1945年和1948年接连做了两次手术，发现主动脉上有瘤，这是一个致命的定时炸弹。他知道，现在这个定时炸弹要爆炸了。第二天，心脏外科专家格兰医生从纽约赶来。尽管病人很虚弱，但格兰还是建议开刀，这是唯一的抢救方法。爱因斯坦苍老的脸上现出一丝疲倦的微笑，摇摇头说："不用了。"

几年前，医生就告诉他那个主动脉瘤可能随时破裂，爱因斯坦总是笑着说："那就让它破裂去吧！"

4月16日，爱因斯坦病情恶化。秘书杜卡斯又匆匆请来医生。医生让爱因斯坦立即住院。一到医院，爱因斯坦就让人把他的老花眼镜、钢笔、一封没有写完的信、一篇没有做完的计算送来。垂危的爱因斯坦在病床上欠了欠身子，戴上老花镜，想从床头柜上抓起笔，可手还未抬起，他又倒了下去。宽大的布满皱纹的额头上冒出一层汗珠，那支用了几十年的钢笔从手里滑下来落到地上。

4月17日，爱因斯坦自我感觉稍好一些。儿子汉斯坐飞机从加利福尼亚赶来了，女儿玛戈尔也因病住在同一所医院里，她坐着轮椅来到他的床前。爱因斯坦微笑着对儿女们说："没什么。这里的事情，我已经做完了。"

对所有来看他的朋友、同事们，爱因斯坦都静静地说着同一句话："别难过，人总有一天要死的。"

他提前立下遗嘱："我死后，切不可把梅塞街112号变成人们'朝圣'的纪念馆。我在高等研究所的办公室，要让给别人使用。除了我的科学理想和社会理想，我的一切都将随我一起死去。"

晚上，爱因斯坦让杜卡斯回去休息。夜里1点刚过，突然，护士听见爱因斯坦呼吸急促，她急忙走到床前，只听见爱因斯坦用德语含含糊糊地说了几句话。多么可惜，她不懂德语。努力倾听，还是没有听明白。德国，爱因斯坦出生的国度，他曾在那里努力探索过，也被残酷迫害过。他留给这个世界的最后几句话，依然是德语。

1955年4月18日凌晨1时25分，爱因斯坦在他定居了22年的美国新泽西州普林斯顿市与世长辞。解剖发现时腹腔主动脉溢血。

一颗巨星陨落了。

两个多世纪以前，科学巨人牛顿的逝世，曾引起了英国和欧洲的一片悲恸。

现在，电讯传遍地球每一个角落："当代伟大的物理学家爱因斯坦逝世，终年76岁。"

按照他的遗嘱，爱因斯坦的骨灰被撒在空中，和宇宙、人类融为一体。早在1917年，爱因斯坦大病的时候，就坦然地对朋友说过：

"我不怕死。不，我同所有活着的人是融为一体的，所以，在这无穷无尽的人流中个别的成员开始了和终结了，我觉得都无关宏旨。

生命，这是一出激动人心的和辉煌壮观的戏剧。我喜欢生命。但如果我知道过3小时我就要死了，这不会对我产生多大的影响。我只会想，怎样更好地利用剩下的3小时。然后我会收拾好自己的纸张，静静地躺下，死去。"

1879年　3月14日　生于德国南部小镇乌尔姆，几个月后，举家迁往慕尼黑。

1884年　5岁　入天主教民众小学读书。

1888年　9岁　10月入慕尼黑路易彼尔德高级中学学习。

1894年　15岁　6月父母迁往意大利米兰。 不久，爱因斯坦被路易彼尔德高级中学勒令退学，前往米兰与父母团聚。

1896年　17岁　10月以优异的成绩免试录取到苏黎世瑞士联邦工业大学读书。

1900年　21岁　10月以优异成绩通过大学毕业考试，结束大学生活。

1901年　22岁　2月加入瑞士国籍。

1901年　22岁　5月赴温特图尔市职业技术学校任代课教师。7月失业，不久，经朋友推荐，赴小镇夏夫豪森一所私立中学任补习教师，不久因教学方式问题与校长意见分歧被解职。

1902年　23岁　6月入伯尔尼联邦专利局工作。

1903年　24岁　1月6日与米列娃结婚，1年后，长子汉斯出生。

1905年　26岁　先后完成《论动体的电动力学》等5篇重要学术论文。狭义相对论创立完成。

1908年　29岁　10月被聘为州立伯尔尼大学编外讲师。

1909年　30岁　10月被聘为苏黎世瑞士联邦工业大学副教授。

1911年　32岁　9月被布拉格德国大学聘为正教授，不久，赴布鲁塞尔参加第一届索尔物理学会议。

1912年　33岁　任母校苏黎世瑞士联邦工业大学教授。

1914年　35岁　4月任柏林皇家研究所所长、普鲁士科学院院士、柏林大学教授。

1915年　36岁　11月提出广义相对论引力方程的完整形式，标志着广义相对论创立完成。

1916年　37岁　接替普朗克任德国物理学学会会长。

1919年　40岁　2月与米列娃离婚；6月在柏林与伊丽莎结婚；广义相

爱因斯坦 生平大事年表

对论在一次日食观测中被证实。

1920年　41岁　10月被荷兰著名的莱顿大学聘为特邀访问教授。

1921年　42岁　1月赴布拉格、维也纳、美国、英国等各地讲学；获本年度诺贝尔物理学奖。

1922年　43岁　3月前往法国、日本、香港、新加坡、上海访问。

1923年　44岁　7月赴瑞典哥德堡接受1921年度诺贝尔奖，并在授奖仪式上发表关于相对论的演说。

1925年　46岁　发表关于统一场论的重要论文《引力和电力的统一场论》；同年，赴南美洲访问。

1927年　48岁　在巴比塞起草的反法西斯宣言上签名；参加国际反帝大同盟，当选为名誉主席。

1930年　51岁　12月赴美国加利福尼亚大学讲学。

1931年　52岁　5月赴英国牛津大学讲学。

1932年　53岁　5月赴日内瓦列席世界裁军大会；12月，第二次赴美国讲学。

1933年　54岁　1月离开德国，途经比利时、英国赴美国，定居普林斯顿。

1939年　60岁　8月致信美国总统罗斯福建议研制原子弹。

1940年　61岁　5月致电罗斯福总统，敦促美国加入国际反法西斯同盟。

1946年　67岁　5月发起并组织"原子科学家非常委员会"，并担任主席。

1952年　73岁　11月拒绝以色列政府担任第二任总统的请求。

1955年　76岁　4月11日，与著名学者罗素共同签署《爱因斯坦—罗素宣言》，呼吁禁止制造和使用大规模杀伤性武器，和平解决国际争端。

1955年　76岁　4月18日1时25分，因患主动脉瘤逝世。

爱因斯坦　生平大事年表